销售口才是练出来的

崔小西◎著

立信会计出版社
LIXIN ACCOUNTING PUBLISHING HOUSE

图书在版编目（CIP）数据

销售口才是练出来的/崔小西著. ——上海:立信会计出版社,2015.9

（去梯言）

ISBN 978-7-5429-4734-5

Ⅰ.①销… Ⅱ.①崔… Ⅲ.①销售-口才学 Ⅳ.①F713.3②H019

中国版本图书馆CIP数据核字（2015）第225758号

策划编辑　蔡伟莉
责任编辑　陈　旻
封面设计　久品轩

销售口才是练出来的

出版发行	立信会计出版社			
地　　址	上海市中山西路2230号	邮政编码	200235	
电　　话	（021）64411389	传　真	（021）64411325	
网　　址	www.lixinaph.com	电子邮箱	lxaph@sh163.net	
网上书店	www.shlx.net	电　话	（021）64411071	
经　　销	各地新华书店			
印　　刷	固安县保利达印务有限公司			
开　　本	720毫米×1000毫米	1/16		
印　　张	17	插　页	1	
字　　数	260千字			
版　　次	2015年9月第1版			
印　　次	2017年11月第8次			
书　　号	ISBN 978-7-5429-4734-5/F			
定　　价	36.00元			

如有印订差错，请与本社联系调换

前　言

　　任何成就都是天天练习的结果，销售也是一样。只是很多人一开始下很大决心去练习，但没过多长时间就放弃了。

　　乔·吉拉德曾经为了增强自己的亲和力，每天不分昼夜地在镜子面前练习微笑。有时他在路上边走边笑，竟被邻居当成神经病。乔·吉拉德在每次拜访客户之前，总会和夫人演练，夫人模仿客户，把一些刁钻的问题抛给乔·吉拉德，乔·吉拉德要在最短的时间内给予夫人最满意的回答。

　　出类拔萃和顶尖不是从来就有的，它来自不断地练习，练习，再练习。顶尖销售员都懂得天天练习的重要性，因为他们知道：只有在不断的自我操练中，才能更准确地把握客户真正的购买点。

　　客户当中什么性格的人都有，有的很任性，有的性子急，有的爱发脾气，有的说话带口头语。作为一名销售员，要和各种各样的人打交道，如果老是用自己所固有的一种调子谈话，就无法和所有的人谈得来，弄得不好，会遭"白眼"，使得还没进入商谈就被对方拒绝了。面对上述情况，要不断地检查自己的说法，并及时地作出决策，在冷场之前就迅速地转换话题，使会话顺利地进行下去。

　　会话往往是反复无常的。在聊天时，讲些有趣的话可使对方捧腹大笑，可是一旦进入商业谈判则往往急转直下，激烈地争论起来。不管在什么场合下都是不允许失言的，如果失去风度，出言伤人，把对方给惹翻了，就会中断交易，造成不可挽回的后果。为此，优秀的销售员在和用户对话时会绞尽脑汁地选择词语。不过讲话时过于恭敬，乱用敬语也不行，要用通俗易懂、朴实亲密的语言，只有这样才能取得成功。

以上所说的看起来好像很难，其实只要有心，谁都能做到，只要多练多用就能够做到和任何客户打交道都有共同语言。

推销口才技巧是没有穷尽的，销售员可以无止境地学习下去，会有不同的收获和体会。不断地揣摩，不断地加以运用，不断地进行总结，以期达到完善的语言艺术，这是销售员终生都不能放弃的必修课。

本书主要介绍了以下这些作为销售员最需要的基本口才训练内容和技巧，如果你有志成为一名优秀的销售精英，不妨试着坚持天天练习：

一、接见客户的开场训练；

二、产品推介表达训练；

三、最有效的攻心话术训练；

四、应对拒绝的训练；

五、销售中必不可少的提问技巧；

六、回答客户异议的技巧；

七、赞美的艺术；

八、讨价还价的技巧；

九、成交话术训练；

十、电话行销话术

……

通过本书提供的方法和内容介绍，相信读者一定会从中受益匪浅。没有沟通，就没有销售。推销，从口才基本功训练开始。

目 录

第1章 练好金口才，业绩自然来
——用嘴拿订单

好口才是销售的第一敲门砖 2
保持饱满的精神，练习平和的语气 3
用交朋友的态度与客户进行沟通 4
借助肢体语言和手势语，增强沟通效果 7
适当地运用停顿，引起客户注意 8
创造融洽的交谈气氛 9
幽默的力量让推销如虎添翼 11
练口才　做销售 13

第2章 三言两语打开场，接近客户零距离
——销售开场白训练

不要急于推销产品，而要先推销自己 16
第一句话是能否让客户感兴趣的关键 17
与客户初次打交道该说什么 19
使用礼貌用语，建立良好的礼仪形象 21
不要让客户有"被迫接见"的感觉 24
精彩开场白是设计出来的 26

从身边细节寻找话题 27
记住和称呼客户的姓名，赢得对方的好感 28
借他山之石让开场白别出心裁 30
家常聊天式寒暄让推销更接地气 31
做好谈判前的话题准备 33
练口才 做销售 35

第3章 步步攻心巧诱导，牵着对方鼻子走
——攻心口才训练

积极劝诱，挠到客户内心的痒处 38
创造条件，引导客户的购买需求 40
给客户实施暗示性的意向引导 42
掌握客户的关心点，并证明你能满足他 44
循循善诱，激发客户的购买欲 46
探询顾客的购买力 47
找准切入点，发现客户的潜在需求 49
正话反说，满足客户对产品的占有欲 50
让需求从"一个"变"多个" 51
充分调动顾客的想象力 53
唤起顾客的好奇心 55
借助危机事件，适时提出解决方案 56
列举知名的客户壮大声势 58
讲一个深入人心的故事 59
练口才 做销售 60

第4章 卖点重磅推，征服客户心
——产品推介口才训练

先确定你的卖点是什么 64
详细生动地描述产品细节 65

多介绍产品效用，少分析产品构造 ……………………… 66
喜欢你推销的东西，传递你的热情和真诚 ……………… 67
抓住产品的利益点，不断地渲染和提到它 ……………… 68
优先考虑客户的利益 ……………………………………… 70
产品接近法，让产品自己来说话 ………………………… 71
利益接近法，让产品的实惠看得见 ……………………… 73
在推销的过程中给予说明 ………………………………… 75
让客户自己做比较 ………………………………………… 77
练口才　做销售 ………………………………………… 79

第5章　说服说到位，拒绝变契机
——说服口才训练

世界上没有永远的拒绝 …………………………………… 82
使客户的拒绝变为接受 …………………………………… 83
不怕拒绝，引出客户的真心话 …………………………… 84
正确应对客户的"不" …………………………………… 85
化"NO"为"是" ………………………………………… 86
用6+1提问法让客户说"是" …………………………… 89
针对客户说"不"的原因各个击破 ……………………… 91
设法让对方多回答"是" ………………………………… 93
让客户自己说出产品的满意处 …………………………… 95
练口才　做销售 ………………………………………… 96

第6章　挡住客户借口，留下生意活口
——应对客户借口口才训练

应对"考虑考虑"的借口 ………………………………… 100
应对"我想到别家再看看"的借口 ……………………… 101
应对"下次再买"的借口 ………………………………… 103
应对"现在买太早"的借口 ……………………………… 105

3

应对"产品已过时"的借口 106
应对规避"风险"的借口 107
应对"我很忙"的借口 108
应对"用过产品并不好"的借口 110
应对"产品已经买过了"的借口 111
练口才 做销售 112

第7章 认清对象说对话，对症下药好推销
——与不同客户沟通口才训练

难缠型客户，以退为进 116
孤傲型客户，激将应对 117
多疑型客户，避免争辩 118
虚荣型客户，持之以恒 119
专家型客户，以守为攻 120
内向型客户，揣摩体语 122
忠厚型客户，诚信至上 124
自大型客户，巧设台阶 125
炫富型客户，满足虚荣心 127
冷面型客户，以心交心 128
心思缜密型客户，谨慎诚恳 129
开朗坦率型客户，热心亲近 130
单纯型客户，维护自尊 131
练口才 做销售 132

第8章 把好提问这道关，问对问题看透心
——提问技巧的训练

探索式提问导入推销主题 136
抓住顾客选购商品的重点考虑因素来提问 138
有针对性地提问是推销成功的最大诀窍 140

开放式提问深入了解客户的真实目的 141
直接提问，开门见山 142
用反问法将客户的质问挡回去 145
与顾客进行双向沟通 146
10种销售中最易成交的提问技巧 148
练口才　做销售 151

第9章　会说也会听，拉近知音感
　　　　——倾听技巧的训练

提问在左，倾听在右 154
善听比善辩更重要 155
不要给客户反复"灌输"的压力 156
用心倾听客户的话 158
进行有效的倾听 161
及时领会客户每一句话 163
练口才　做销售 165

第10章　找准赞美点，客户露笑脸
　　　　——赞美口才的训练

赞美是畅通推销的通行证 168
赞美的内容和方式越具体越好 169
把握好赞美的度 171
善意的奉承胜过笨拙的实诚 172
赞美式套话并非人人皆宜 174
借用他人的话来赞美客户 176
真诚谦虚地请教是更高层次的赞美 177
给竞争对手一个赞美 178
练口才　做销售 179

第11章 化解客户的异议，赢得客户的信任
——化解客户异议口才的训练

做好应付客户异议的准备 182
处理异议要遵循的四个原则 183
化解客户的"不满"噪音 185
处理客户异议的语言技巧 186
找出客户异议背后的真实意图 188
太极法处理客户的异议 190
间接反驳法处理客户的异议 191
信任是交易的开始 192
练口才　做销售 193

第12章 摆平价格战，话语藏机锋
——讨价还价口才的训练

多谈产品的价值，少谈产品的价格 196
优势比较法解除客户价格疑虑 197
耐心地应对价格挑剔者 198
说明报价底线，给客户以压力 200
摸清客户的出价上限，合理做出价格让步 202
以小藏大谈价格，隐藏价格昂贵感 204
帮助客户谈价格 205
当产品价格超过客户的心理估价时 206
在次要问题上作出让步 208
侧重"相对价格"的引导 209
练口才　做销售 210

第13章 推销无小事，句句关成交
——成交口才的训练

抓住客户的3大成交信号 214
强调购买时机 215
在假设顾客愿意购买的前提下促成交 217
选择成交法让客户乖乖就范 218
直接向客户提出成交 219
经理出马，加强成交说服力 220
刻意"奚落"顾客，强势语气促成交 222
运用精确具体的数据说明问题 223
帮客户下定最后购买决心 226
成交后请客户帮你转介绍 228
练口才 做销售 229

第14章 电话打出去，订单飞过来
——电话沟通语言的训练

巧妙绕开"接线人" 232
电话拜访技巧 234
熟知电话约见的原则和方法 236
主动打出电话，唤起客户的注意力 237
抓住接通电话后的20秒 238
缩短谈话时间，增加通话次数 240
电话沟通中的战略细节 242
练口才 做销售 245

第15章 销售有禁忌，说话不踩"雷"
——销售一定要避免的语言误区

销售说话有9忌..248
避免说客户反感的话..250
不要说伤害客户自尊心的话..................................251
专业话并非程式化和职业腔..................................253
不要用过分贬低自己的语气说话..............................254
推销有度，说话有方..256
练口才　做销售..257

第1章
练好金口才,业绩自然来
——用嘴拿订单

好口才是销售员不可或缺的本领。商场之上,"舌战"是不可避免的,口软一定利薄,嘴笨赚不了大钱。所以,成为优秀的销售精英只有不断地修炼口才,练好嘴上功夫,才能拿下订单,提升业绩水平。正所谓"买卖不成话不到,话语一到卖三俏。"优秀的销售员会凭借良好的口才功夫迎合消费者,吸引对方的注意,使其对产品或服务产生信心和兴趣,并诱发购买动机,进而顺利成交。

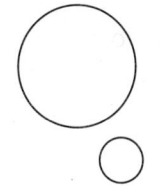

好口才是销售的第一敲门砖

在购买时，你可以用任何语言；但在销售时，你必须使用购买者的语言。

——玛格丽特·斯佩林斯

著名的销售员齐格·齐格勒谈到了他当顾客时的一次经历。

那次，齐格勒为了换乘飞机在圣路易斯机场下了飞机，他看自己的皮鞋又该擦擦了，便来到他常去的那个地方让人给他擦。

那天，为他提供服务的是一个新手。他走到齐格勒的身旁说："是擦一般的吗？"

"没有料到你会让我擦一般的。为什么不让我擦最好的，而偏要建议我擦一般的呢？"齐格勒盯着那笨小子说。

"下雨天擦皮鞋，难免要弄脏，所以很多人舍不得花2美元擦最好的啊！"

"给我的皮鞋擦最好的，不正是为了在下雨天保护皮鞋吗？"

"是这样的！"

"那你刚才为什么不建议我擦最好的呢？"

"在下雨天擦皮鞋，还未曾有人舍得花2美元呀！"

"如果擦最好的，能够在保护皮鞋上起到最有效的作用。而且在下雨天，你能多挣下多少钱？为了多擦几次最好的，我想你大概会拼命干吧。"

"完全是这样的，我也是这样想的。"

"你想让我教你几句能够使你擦最好的活收入增加2倍的推销语言吗？"

第1章 练好金口才,业绩自然来——用嘴拿订单

"先生,我从心底里想要向您请教,希望您把那些能赚钱的语言教给我。"

"当下一位顾客来时,一旦坐在椅子上,你首先应该做的事情就是注意那个人的皮鞋,然后再看着那个人的眼睛和颜悦色地说:'如果我估计得不错的话,顾客先生,您一定是来让我给您擦最好的人。'"

要想成功地实现销售,一个至关重要的环节就是首先用自己的言谈来吸引对方的注意力,使其对推销的对象产生兴趣,进而才有可能说服买方,并促使其最终做出购买的决定。

所以,要想做成生意,应该想方设法通过短暂的接触和谈话来博取对方的好感,也就是要充分展示自己的口才魅力,这是进行成功销售的一个必要前提。

保持饱满的精神,练习平和的语气

> 保持饱满的精神和平和的语气,将会为销售员事业成功助一臂之力。
>
> ——原一平

原一平从自己的销售工作中发现,保险销售员的精神状态是否饱满,直接影响着拜访客户、推销产品的效果。一般来讲,保险销售员在销售产品时,如果神采奕奕,精力充沛,显得充满自信,就能激发客户购买的欲望并可很快达成协议;如果萎靡不振,无精打采,就会使客户反感,不愿与你交往、做生意。所以原一平在推销保险时,不管太阳多耀眼,他都不戴太阳镜或有色眼镜,每年炎夏都被晒得黑黑的。因为,眼睛是人心灵的窗口,能准确反映一个人的内心世界和品德面貌,露出眼睛就是向客户敞开你的心扉。只有让客户看见你的眼睛,他才会相信你的言行,他才会感到你是值得信赖的,他才会有安全感,他才乐意买你的产品。

语言也能较好地反映出保险销售员的精神状态。一般地说,低调的语言

比高调的语言温柔，因为前者比后者的声音丰富。原一平为了使自己的语音有磁性，经常在坐禅修行时，拿出一本非常不喜欢看的佛经，耐着性子，一句句有声有色地朗诵。其实，在"原一平批评会"上就有人给他提出过，说他说话的语速不协调，而且语无伦次。

原一平为了达到心平气和、语调适中地为对方讲保险的程度，花费了不少精力。一次，原一平突然想到，在他经常路过的大树旁，有一只大狗被捆在那里，并且每次当他经过时，都凶巴巴地朝他叫。原一平觉得到这只狗的附近去练习自己的能力，效果一定会不错。

就这样，原一平跑到离大狗两步距离的地方，蹲下来便对着大狗讲起保险知识来。这只大狗狂吠，每次叫一声，原一平的心就揪一下，大脑里的神经链条就被打断一下。可以想象，被束缚的狗一旦挣脱铁链，准会伤人的，但是他还是壮着胆子接着讲下去。

就这样练习了2个多月，他终于可以面对客户心平气和、语调适中地讲保险知识了，无论有多大的外界干扰，他依然谈笑风生、游刃有余。

用交朋友的态度与客户进行沟通

> 上门推销最重要的是和他们交朋友，让对方能信赖你。
> ——乔·吉拉德

在商品推销过程中，以一些较为诚恳的话来取悦于顾客会让你在顾客心中留下一个较为良好的印象，让顾客觉得与你做交易是件令人愉快的事情，如果还有下次，他还愿意继续与你做交易。这种好的印象在顾客心中一旦形成，将对你的推销及下一次的交易带来很大的收益。

在运用这个技巧时，必须掌握好说话的时机。否则，顾客会认为你根本没有诚意，只是说了一句奉承的话而已，这样反而会增添顾客对你的不信任感，拉开你和顾客之间的距离。

推销商品时，你可这样说：

"我这个人一向不太喜欢给不熟悉的人下结论，不过对您我确实可以这样说：您是我遇见的顾客中最好的一个。也许您会认为我说这话是为了推销自己的商品，但请您相信，不管您对我的商品是怎么看的，是否愿意购买，这些都不太重要，我就是觉得您是我遇到的最好的顾客。与您合作，我感到是件很愉快的事。我真的很乐意跟您交朋友、谈交易，替您出一分自己的微薄之力。跟您合作，我觉得我的工作都变得轻松愉快了，谢谢您。"

说到此时，顾客心里就会认为你是个真诚可靠的人，也就愿意跟你做交易。

这之后，你就可以继续进行商品介绍说明。而此时顾客也会愿意听你的讲解，有意要仔细了解你的商品，与你做这笔交易。

销售员与客户进行沟通时，说话时的语气也很关键。销售员要注意讲话的语气，要成为一个会说话的人，充分把握交谈的主动权，促使销售洽谈得以顺利进行。一般来说，应注意以下几点。

1. 不卑不亢

销售员的说话语气要做到不卑不亢，不要让客户感觉到你是在哀求他，那种唯唯诺诺的语气只会传达消极的信息给客户，同时也不利于建立自身的专业形象。另外，也不要让客户感觉到你有盛气凌人的架势，这样说话会给客户留下极为不好的印象，潜在的交易也很可能因此而泡汤。

2. 言语要委婉

不同的措辞会给人以不同的信息，即使我们想表达同一种意思，积极的言辞与消极的言辞所传递的效果也是不同的。

"我想了解一下你们公司今年打印机的使用情况。"这句话中，哪一个词用得不太好？是"了解"。"了解"是谁在获益？当然是询问方了。而如果我们将这个词换成"咨询"或者"请教"的话，那么给客户的感觉就会好得多。

如果在你的推销用语中，讲究言语的委婉，善于运用"我"来代替"你"，尤其是在提出请求和表示反对的时候，那么就会在很大程度上有助于你推销工作的顺利进行。

例如：

直接说法：您的名字叫什么？

委婉说法：请问，我可以知道您的名字吗？

直接说法：您必须……

委婉说法：我们要为您那样做，这是我们需要的。

直接说法：您错了，不是那样的！

委婉说法：对不起，我没说清楚，但我想它运转的方式有些不同。

直接说法：如果您需要我的帮助，您必须……

委婉说法：我愿意帮助您，但首先我需要……

直接说法：您做得不正确……

委婉说法：我得到了不同的结果。让我们一起来看看到底是怎么回事。

直接说法：听着，那没有坏，所有的系统都是那样工作的。

委婉说法：那表明系统是正常工作的。让我们一起来看看到底哪儿存在问题。

直接说法：注意，您必须今天做完！

委婉说法：如果您今天能完成，我会非常感激。

直接说法：当然您会收到，但您必须把名字和地址给我。

委婉说法：当然我会立即发送给您一个，我能知道您的名字和地址吗？

直接说法：您没有弄明白，这次听好了。

委婉说法：也许我说得不够清楚，请允许我再解释一遍。

总之，在与客户沟通的过程中，销售员要时刻注意自己的语气。最好不要用那种推销色彩太浓的语气来与顾客交谈，而应该以朋友的语气和态度去与客户进行沟通。

借助肢体语言和手势语,增强沟通效果

> 除了语言交流本领外,肢体语言也是提升销售员魅力指数的重要手段。一个优秀的保险销售员不能光会靠嘴说,而且也要运用肢体语言,尤其是手势,帮助说话更为重要。
>
> ——原一平

一个优秀的保险销售员不能光会靠嘴说,而且也要运用肢体语言,尤其是手势,帮助说话更为重要。

手势的目的是为了进行强调或进一步澄清某个信息,它比说话更有吸引力,也更具生动感。有效地使用手势,会使有个人魅力的人显得更有生气。你可以观察一下,一般人们说话都是频频做手势,给人一种勃勃生机感。而且手势可以给客户留下一种亲近感,这种表达方式往往需要其他非语言行为的配合,特别是面部表情。使用这种方式表达感情,可以增强你的个人魅力。

有时候搔后脑勺表示这个人已经在认真思索你的问题了。这个动作容易给人留下热情、谦恭的印象,所以有助于增强个人魅力。用手捂嘴这个动作常常意味着神秘感,因此提升了做手势者的个人素质。作为销售员,你要记住手势是你热情的标志,是你修养的表现,更是你魅力之所在,而一旦从客户的动作语言中发现有购买的欲望,就要立即抓住不放。

其次,手势就是你说话有力的辅助,别人也可以从你的肢体语言上看出你与众不同。

在日常生活中,一个人说话很有感染力,可惜从不爱打手势;另一个人说话同样有感染力,并且在演讲时,经常做出激昂的手势,可以想象一下这两个人,哪个人的演讲更有说服力呢?

无可争议,做手势是展现你的魅力和权威的好方法,看看下列这些非语言的手势信息是否能够增加你的魅力:

用力在空中挥动拳头，表示"出发！"

伸出一个手指作为指示棒，为别人指路。

伸开手掌拍打对方的手，表示同意或表示祝贺。

向上跷起大拇指，称赞对方做得好。

伸出食指和中指，让它们形成"V"字形，其余的手指聚拢，表示祝福对方的胜利。

向上伸出两只胳膊，把两个拳头高举，表示欢呼胜利。

把手合拢到自己的嘴边，以表示很神秘。

两手合抱，表示祝福对方。

轻捏一下自己的耳朵，表示在认真思索。

单手向地板的砍势，表示开始或停止。

希望每个销售员都能有自己独特的手势，这能促使你的客户从你的手势中信任你。

 ## 适当地运用停顿，引起客户注意

> 销售人员首先自己要兴奋，要有激情，才能对他所销售的产品表达得好。
>
> ——汤姆·霍普金斯

运用停顿在与客户的交谈中是非常重要的，但是在具体运用停顿的过程中，应该注意既不能太长，也不能太短，这就需要销售员根据具体情况具体分析，去揣摩应该在什么时候停顿。

当我们在转换语言，承上启下，或提示重点，总结中心主题的时候，往往都需要适当地停顿，以引起客户的注意。

停顿有时并不仅仅局限于声音，还可以配合一些手势动作来进行。

例如：低头沉思；双手握拳，作激动状；说到关键处，双目凝视；深深地叹息；紧皱眉头，作痛苦状；抬头仰望天等。在运用这些动作时，要注意做得自然、逼真，以免别人认为你是在故意做作，只是为了吸引他们的注意。

下面请看一下这位销售员是如何巧妙地利用停顿来丰富自己的谈话内容，进而达到推销目的的：

"张总，我相信贵公司的员工到贵公司工作的部分原因是（这时销售员的声音逐渐提高）他们仰慕您的为人。"（说到这里，销售员的音调更高了，达到了让全办公室的人都可听到谈话的目的。）

"既然您的全体员工都对您怀有仰慕之情，那么对于您来说，最重要的就莫过于注意自己的健康问题了。您只有保持身体的健康，才能领导员工去冲锋陷阵。"（销售员慷慨激昂，忠言直谏。）

接着，销售员降低声音："如果您的身体垮下去的话，怎么能够对得起那些爱戴您的员工呢？您喜欢或讨厌药物，您要不要吃药，那又是次要问题。"

说到这里，销售员又提高了声音，"现在最重要的是，您的健康是否确实毫无问题，您曾经去检查过吗？"销售员一口气说到这里，想到运用"停顿"的妙方，于是突然打住。这时整个办公室鸦雀无声，都在等待对方的回答。

对方显得有点手足无措，隔了一会儿才说：

"我还没有去医院检查过。"

"那么您就应该抓紧了，就让我为您服务吧！我将带着仪器专程来贵公司给您做身体检查。"

对方沉默了一会儿，销售员也在一旁不吭声。

最后，总经理说："好吧！那就麻烦你了！"

 ## 创造融洽的交谈气氛

我们不断与客户沟通，让他们觉得他们在我们心目中是特别的，并且能够得到特别的服务。

——Billy payton，奈门马可仕公司客户服务总裁明智的销售员绝不会在气氛不佳的情况下进行洽谈。当销售洽谈出现僵局时，他会设法缓和洽谈的气氛。

在销售洽谈的时候，气氛是相当重要的，它关系到交易的成败。只有当销售员与客户之间感情融洽时，才可以在和谐的洽谈气氛中销售商品。销售员把客户的心与自己的心相通称为"沟通"。即使是初次见面的人，也可以因性格、感情的缘故而"沟通"。

那么怎样才能创造融洽的气氛呢？要注意的地方很多，比如时间、地点、场合、环境等等。但最重要的一点是销售员应当处处为客户着想。

年轻气盛、没有经验的销售员在向客户销售产品时，往往不愿倾听客户的意见，自以为是，盛气凌人，不断地同客户争论，这种争论又往往发展成为争吵，因而妨碍了销售的进展。要知道，在争吵中击败客户的销售员往往会失去达成交易的机会。销售员不是靠同客户争论来赢得客户。同时，销售员也应知道，客户要是在争论中输给销售员，就没有兴趣购买他销售的产品了。

没有人喜欢那些自以为是的人，更不会喜欢那些自以为是的销售员。销售员对那些自作聪明者的不友好的建议很反感，即使是那些友好的建议，只要不符合销售员的愿望，有时销售员也会感到很反感，所以，有些销售员总是愿意同客户进行激烈的争论。他们忘记了这样一条规则：当某一个人不愿意被别人说服的时候，任何人也说服不了他，更何况是要他掏腰包。

要改变客户的某些看法，销售员首先必须使客户意识到改变看法的必要性，让客户知道你是在为他着想，为他的利益考虑。改变客户的看法，要通过间接的方法，而不应该直接地影响客户。要使客户觉得是他们自己在改变自己的看法，而不是其他人或外部因素强迫他们改变看法。销售员一旦发现自己的看法和客户的看法发生冲突，就要格外小心。在销售洽谈开始的时候，要避免讨论那些存在分歧意见的问题，着重强调双方看法一致的问题。要尽量缩小双方存在的意见分歧，让客户意识到你同意他的看法，理解他提出的观点。这样，洽谈的双方才会有共同的话题，洽谈的气氛才会融洽。

洽谈双方意见分歧的起因往往在于销售员对他的产品做了言过其实的

宣传和夸张。解决这一问题的办法很简单，销售员不应自以为是、夸夸其谈，而要采取提问的方法，主动征求客户的意见和看法。一味坚持自己的看法肯定会招致客户的反对，而采取提问的方式则可以避免这种情况的出现。例如，一个销售员工档案设备的销售员向客户问道："如果事实证明，通过改进你们的档案设备，一周之内可以节省好几个小时的工作，您对此有兴趣吗？您想听听有关这方面的详情吗？"像这样的提问方法肯定有助于改善洽谈气氛，推动业务洽谈的顺利进行。只有这样的提问，才会使客户心平气和地考虑你的看法，才不至于把客户激怒。即使客户没有作出肯定回答，销售员也不会丧失销售机会。

应当尽量赞同客户的看法。因为你越同意客户的看法，他对你的印象就越深，销售洽谈的气氛对你就越有利。如果你为客户着想，客户也就能比较容易地接受你的建议。有时候必要的妥协有助于彼此互相迁就，有助于加强双方的联系。销售员不应过多地考虑个人的声誉问题，一个过分担心自己的声誉受到损害的销售员很快就不得不担心他的销售生涯。不要刺激客户反对你提出的看法，这是愚蠢的做法；不要摆出一副先生的架势教育客户；不要企图纠正客户的某些偏见、癖性和看法；不要教育和改造客户，即使在一些似乎必要的情况下，也不要对客户这样，因为客户是不会任凭别人教育或改造的。

有时候，销售洽谈会出现僵局，双方都坚持己见，相持不下。如果出现这种情况，明智的销售员会设法缓和洽谈的气氛，或者改变洽谈的话题，甚至把洽谈中断，待以后再进行。总之，绝不在气氛不佳的情况下进行洽谈。

 ## 幽默的力量让推销如虎添翼

巧妙地运用幽默，就没有卖不出去的东西。

——波迪斯

心理专家的研究结果显示：人在倾听时注意力每隔5~7分钟就会有所松弛，要想使人重新集中精力，就需要对他们进行一些相应的刺激，为其制造一些兴奋点，以此来吸引他们的注意力。同样，在销售人员向客户推销商品的时候，客户也会出现疲劳状态，那么销售员该如何去刺激他们呢？最好的方法是在谈话中适时插入一些幽默风趣的言辞，这对于消除对方的心理疲劳是有很大帮助的。

而且即使在正常情况下与顾客的沟通中，幽默风趣的语言也能很轻松地赢得对方的好感，并能促成交易。当然，销售员的幽默不应该是单纯地为幽默而幽默，所说的言辞、所讲的笑话都要有的放矢，以有助于吸引顾客对推销的产品感兴趣为准。

有意创造一种愉快的交谈气氛，或讲一些幽默的小故事，当客户开怀一笑时，你就可以把他的目光引向面前的产品。

客户再次大笑时，你可以再次指着产品对他说："你摸一摸，手感多好，舒服得很呢！"如此重复几次，当客户拿起产品的时候，就会说："我怎么一看到这款产品就喜欢得不得了。"这个时候你的说服就成功了。

推销要想获得成功，你一定要把客户引领到一个令对方愉悦及放松的情境当中，让他们看到你的商品就感到快乐。这时候，客户就渐渐进入了一种"恍惚"的状态，你销售的成功率就会大大上升。不然的话，客户很难放松警惕，在意识清醒的状态下是很难作出购买决定的。

如果在你的销售中没有一种和谐快乐的气氛，客户的感情冷淡，没有兴奋起来，你最好不要先谈买卖，因为那样常常是事倍功半。

你可以先问客户一些问题，因为问题会转移客户的注意力，并引导客户进入一个正面的情绪状态，例如问"你感到生命中最快乐的一件事是什么？""现在有哪些事情让你感到高兴？""你对什么事情感到兴奋？"等等。一旦客户进入状态，他们就会有很好的感觉，这时你再谈产品。你先让客户感到高兴再谈你的产品，这样客户就会把正面、美好的感觉和你的产品联系在一起了，自然就愿意和你成交。

通常来讲，那些具有幽默感的销售员在日常工作中都会有比较好的人缘，他们比较容易赢得客户的好感和信赖。而缺乏幽默感的销售员会在很大程度上影响与客户的沟通，同时也不易于在客户心中留下深刻的印象。

如果一个优秀的销售员同时又是一个善于制造幽默的高手的话，那么他的销售事业也必将因此而如虎添翼。

练口才　做销售

提高谈话技巧是每个销售员的首要任务。原一平成为推销之神，他把成功归功于他高超的谈话技巧。原一平认为说话时必须掌握以下几个要点。

1. 语调要低沉明朗
明朗、低沉和愉快的语调最吸引人，所以语调偏高的人，应设法练习使之变为低沉、迷人的感性声音。而太低的音调会让对方听不清楚，所以应努力把音调提高至适中程度。

2. 发音清晰，有声有色
发音要标准，要有感情。改正说话吞吐的缺点，最好的方法就是朗诵一些诗歌，久而久之就会有效果。

3. 说话的语速要时快时慢，恰如其分
遇到感性的场面，语速当然可以加快；如果碰上理性的场面，则语速要相应适中。

4. 做到恰如其分
说话注意有序的停顿。

语句不要太长，也不要太短，有时停顿会引起对方的好奇和迫使对方早下决定。

5. 音量大小的掌握
音量太大，会给对方造成太大的压迫感，使之反感；音量太小，则显得你信心不足，不够坚强。

6. 说话与表情相配合
懂得在什么时候配上恰当的面部表情，这样说话更有魅力。

7. 谈吐高雅，举止文明

使对方感觉到你是个有魅力、有素质的人。

8. 笑的配合

笑是一种艺术，使你更富魅力，有时也是成功的关键。

第2章
三言两语打开场，接近客户零距离
——销售开场白训练

精彩的开场白有三个方面的好处：一是创造了良好的推销气氛，二是引起了对方的兴趣，三是做好了交谈的准备，然后进入正题，有利于推销顺利进行，取得比较圆满的结局。在实践中，一些销售员往往忽略了开场语言的重要性，见了顾客张口就说买不买，闭口就问要不要，这样十有八九是要碰壁的。

不要急于推销产品,而要先推销自己

你一生中卖的唯一产品就是你自己。

——乔·吉拉德

"你卖的商品怎么可能都是世界第一的产品呢?"曾经有人这样问乔·吉拉德。

他回答说:"每个人都是独一无二的,世界上没有另一个我或另一个你。所有的顶尖销售员都不是在卖产品,而是在推销自己。"

乔·吉拉德非常善于推销自己。他的办公室里,除挂满了那些因业绩优良得来的奖牌和奖状外,还有刊登在报纸杂志上的受访画面以及与大人物的合照等等。当客户看到这些时,很快就会了解到乔·吉拉德是一名非常优秀的销售员。

先不要急于推销产品,要先推销自己。你把自己推销出去了,客户自然会购买你的产品。

顾客在购买时,不仅要看产品是否合适,而且还要考虑销售员的形象。即使顾客对你的产品很满意,如果他不喜欢你这个人,买卖也难做成。在推销活动中,人和产品同等重要。一旦顾客喜欢你这个人,在很多情况下,你的产品也就不愁卖不出去。

一个销售员在向顾客推销自己时,一定要做到:

第一,向顾客推销你的人品。销售员首先是作为一个人出现在顾客面前的。他的个人品质如何,顾客心理会产生相应的反应。一个销售员应在顾客面前表现出诚实、认真、热情、善意、自尊等品格。

乔·吉拉德说:"诚实是推销之本。"如果顾客觉察到销售员不诚实,出于对自身利益的保护,他们就会拒绝购买你的产品。如果你在推销过程

中，对顾客以诚相待，那么你的成功会容易得多，迅速得多，并且会经久不衰。

第二，向顾客推销你的形象。"一个人的外在形象，反映出他特殊的内涵。倘若别人不信任你的外表，你就无法成功地推销自己了。"乔·吉拉德是这样看待销售员的形象的。一个销售员的衣着形象、言谈举止，都应力争给顾客留下良好的印象。

某仪器设备公司的一位销售员，有一次在外地搞推销。也许是某个环节出了点问题，他出了火车站，等了好几个小时也不见对方客户的车到……当他肩扛着几十公斤重的机器，汗流浃背地站到客户面前时，对方十分感动。就在这一瞬间，他成功地向顾客推销了自己，他的行为表明他是努力和有诚意的，他一下子赢得了顾客的信赖。

推销产品之前首先要推销自己。推销是与人打交道，人与人之间的交往首要的一条是：如何突破对方的心理防线，让对方接纳自己、喜欢自己、依赖自己。

爱屋及乌。一旦顾客对你产生了喜欢、依赖之情，自然而然地，他就会喜欢、信赖、接纳你的产品。所以只要你将自己推销给了顾客，推销产品便会成为轻而易举的事。

 ## 第一句话是能否让客户感兴趣的关键

你不会有第二次机会给人留下第一个印象！
——宝洁海飞丝洗发水

开场白的好坏，几乎可以决定一次推销工作的成败。换言之，好的开场白就是推销成功的一半。

有一位果汁压榨机的销售员，去做上门推销，当客户打开门后，她的第一句话就是：

"请问您家里有高级果汁压榨机吗？"

对方被她这句突如其来的发问难住了，于是他转过脸去与太太商量。太太有点窘迫又有点好奇地说：

"果汁压榨机我家里倒有一个，但不是高级的。"

这位销售员于是接着说：

"看！我这里有一个高级的。"

说着，就从提袋中拿出果汁压榨机，一边讲解，一边开始演示，客户的兴趣与注意力也被很好地吸引过来了。

这种开场方式的好处在于，没有使客户意识到你有向他们推销商品的企图。因为人们一般是比较讨厌别人主动向他们推销东西的，而是喜欢自己去买。而在这里，销售员只说有一种高级果汁压榨机，并没有问客户买不买，从而也就赢得了和客户继续交谈下去的机会，同时也激发了客户的兴趣。

假如将这位销售员的第一句话换作另外一种说法，一开口就说：

"我来想问一下，你们是否愿意购买一个新型的果汁压榨机？"或者"您需要一个高级果汁压榨机吗？"其结果也就可想而知了。

在面对面的推销工作中，为了吸引顾客的注意力，说好第一句话是极其重要的。只有引起顾客的注意，才能唤起他的兴趣。顾客在听你说第一句话的时候往往比听以后的话时认真得多。说完第一句话以后，许多顾客都会有意或无意地马上下决定——是尽快把销售员打发走还是继续听下去。如果不能引起顾客的兴趣，那么以后的销售谈话就会丧失效用。一个销售员上门推销或电话推销时，往往开头的一两句话就能决定销售员是否有可能把产品推销出去。

乔·吉拉德认为，销售员所说的第一句话是能否让客户感兴趣的关键，如果这个头开得好，客户就乐意听下去。因此，在开始推销前首先应该考虑以下6个问题：

（1）如何才能用简单的一句话向客户介绍产品的实用价值。

（2）我应向客户提出哪些问题才能促使客户坦白地说出对某一产品有哪些具体要求？这些问题是否符合客户的实际情况，是否与客户的切身利益息息相关？

第2章 三言两语打开场,接近客户零距离——销售开场白训练

(3)我与客户的谈话中有哪些令人信服的案例既能说明产品的优点,又能激发客户购买的兴趣?

(4)我怎样帮助客户解决他的问题?怎样用简单的几句话就能帮助客户解决他的问题?

(5)我能向客户提供哪些有价值的资料,使他乐于接受我的产品?

(6)在一开始时我应该说些什么,才能保证与客户进行有效的谈话?

第一次拜访客户时,第一句话往往是制胜的法宝或失败的根源。记住,要善用你的第一句话。

与客户初次打交道该说什么

当我拜访一个客户七次失败的时候,我还有三次去尝试成功的机会!而往往我们拜访客户一次失败,就放弃了。

——乔·吉拉德

下面是一个销售员的客户拜访开场白:

销售员小林如约来到客户的办公室,开口道:"陈总,您好!看您这么忙还抽出宝贵的时间来接待我,真是非常感谢啊!"(感谢客户。)

"陈总,你的办公室装修得这么简洁却很有品位,可以想象到您应该是个做事很干练的人!"(赞美客户。)

"这是我的名片,请您多多指教!"(第一次见面,以交换名片自我介绍。)

"陈总以前接触过我们公司吗?"(停顿片刻,让客户回想或回答,给客户留时间。)

"我们公司是国内最大的为客户提供个性化办公方案的公司。我们了解到现在的企业不仅关注提升市场占有率和利润空间,同时也关注如何节省管理成本。考虑到您作为企业的负责人,肯定也很关心如何能最合理地配置您

的办公设备,并节省成本。所以,今天我来与您简单交流一下,看有没有我们能够帮上忙的地方。"(介绍此次来的目的,突出客户的利益。)

"贵公司目前正在使用哪个品牌的办公设备啊?"(问题结束,让客户开口。)

陈总也面带微笑非常详细地和该销售员谈起来。

从这个例子可以看出,开场白要达到的最主要目的就是吸引对方的注意力,引起客户的兴趣,使客户乐于与我们继续交谈下去。同时,如何找出客户最关注的价值点也是开场白的关键部分。上述案例中的销售员小林,就通过得体的开场白吸引了客户,有了这个漂亮的开门红,也就等于迈出了成功销售的第一步。

原一平说过,与客户初次打交道最能体现出一个销售员素质的高低。具体可以从以下几方面进行。

1. 初次见面对客户的称呼

在与客户初次见面时,首先要建立亲和力,所以必须设法引起客户的兴趣和注意,即寻找话题,而寻找话题的第一步骤就是"称呼"。

称呼是否得体很关键,但也不要太恭敬,开口闭口"××先生"、"总经理先生"、"董事长先生",并不见得就能收到好的效果。

原一平认为推销工作最重要的是与客户建立亲近的关系。如果老是采用恭维的称呼,恐怕无法缩短彼此间的距离。

与客户接触熟悉后,称呼"先生"、职位名或者"您"就已经够礼貌了,不必太拘束。

不过,应该注意的是,亲近也应该有个尺度,千万不可无礼地拉近彼此之间的距离。

2. 初次巧问问题

乔·吉拉德曾经这样向自己的同事传授经验,如果你在推销时,开口便问"您现在有没有自己的汽车?"如果是朋友或熟人之间的交谈,当然会告诉你事实,但在面对销售员时,客户担心被强迫买车,实际上没有车也会回答"有啊!"立即截断话题。

原一平针对如何推销汽车,曾经这样指出过,目前发达国家是普及汽车的时代,所以销售员如果用肯定的口吻问:"您已经有车了吧?"可能意外地套出"还没有"的确定回答。由此可把握顾客是否有车的真实情况,从而对症下药。

如果顾客回答"有",这时,不妨接着问"什么牌子的?"或"是不是××汽车?"如果回答"不是",不妨再问"是××的吗?"以此方法逐次追问,就可知道他所拥有的是什么牌子的汽车。

如想知道客户什么时候换新车,不妨先问"将来准备换车吗?"之后故意把话扯得更远,如"明年春天吧?"就可以套出"不,今年秋天准备换新车"的真实答案。

可见发问也需要一套技巧。

3. 记住客户的大名

"人过留名,雁过留声",人爱其名犹如爱自己的生命。因此,你要想运用别人的力量来帮助自己,首先要尊重别人的姓名。

原一平在推销保险生涯中,每次与初次见面的客户交谈后,都会在工作簿中留下对方的大名,并且清楚地记下第一次交谈时对方的性格、态度,以便下次见面时能说出客户的名字。

如此重视客户的姓名,使客户备感亲切和受到尊重,会让对方大吃一惊,对自己接下来的工作也会有很大帮助。

在推销界,"记忆姓名法"是受到极力推崇的。许多杰出的销售员对人名的记忆都很惊人。

使用礼貌用语,建立良好的礼仪形象

当你站在镜子前面,镜子会把映现的形象全部还给你;当你站在准客户前面,准客户也会把映现的形象全部还给你。当你的内心希望准客户有某种反应时,你把这种希望反映在如同镜子的准客户身上,然后促使这一希望回到你自己。为了达到这一目标,就必须把自己磨炼得无懈可击。

——原一平

礼貌用语是一项非常重要的成交策略。在销售过程中，销售员应主动、热情、友善地与顾客打招呼，向顾客问候致意；面对顾客的提问要不厌其烦，有问必答；并且坚持使用文明服务用语，让顾客获得最大的尊重。

销售员们要注意正确选择词语，在表达同一种意思时，由于不同的词语往往会给顾客以不同的感受，产生不同的效果。例如，当顾客进门时，如果不清楚物品的摆放地点和位置，销售员可以说"请往那边走"，顾客听起来觉得有礼貌，如把"请"字省去了，变成"往那边走"在语气上就显得生硬，变成命令式的了，这样会使顾客听起来很刺耳，难以接受。

顾客进门时，往往碰到销售员忙碌而无暇照顾的时候，这时如果销售员不能礼貌待客，很容易让顾客不满。比如下面一例：

一家名品鞋店来了一位中年女顾客，她很快看上了一双短靴，于是向旁边一位销售员询问这款靴子是否还有24码。销售员匆忙中应了一声：等会儿，我帮你看一下！但是十分钟过去了，那个销售员还在忙着接待另外的两位顾客，于是女顾客就又追着问了一声：到底有没有24码的啊？没想到年轻的柜员竟不耐烦道：急什么，等一会儿再告诉你！中年女顾客很生气，扔下手中的鞋子就跟销售员大吵了起来。

同样，销售员还容易说出以下这些有失礼貌的语言：

和顾客打招呼："哎，你买什么？你要什么？"

顾客询问时，说："您不会自己看吗？""您买吗？不买就别乱动。"

拿递商品顾客未问价格时，说："这可是×××元一件（个）的，先说好。"

顾客询问商品价格时，说："价签上写着呢，自己看。"

顾客挑选时，说："要不要。有完没完。""哎，快点挑。都一样，没什么可挑的。"

顾客询问某种商品是否有货时，说："没有。早卖完了。"

顾客提出合理要求时，说："我们不负责。你找负责人去。"

顾客询问商品知识时，说："不知道或不清楚。""我不懂。那儿有说

第2章 三言两语打开场，接近客户零距离——销售开场白训练

明书，自己看。"

顾客买商品犹豫不决时，说："不买总拿着看什么。""买不起就别买。""你倒是要不要，不要我可收起来了。"

顾客看过商品或已开小票后又不想要了，说："讨厌。""事多。"

收款台或柜台前业务忙时，说："喊什么喊，等一会儿。没看我正忙着呢。我又没闲着。"

顾客等候多时，问怎么还不给拿货时，说："谁能证明你是先来的。真能跟着添乱！"

顾客询问某种商品出售地点时，说："那边。"

顾客退货或换货时，说："才买的，怎么又要退（换）。""买时想什么呢。""这不是我卖的，谁卖的你，找谁。""不能退。不能换。"

顾客提意见时，说："我就这态度。"

无论接待什么样的顾客，说："什么人啊，有毛病！"

服务用语是销售员工作的基本语言工具，怎样使每一句服务用语都发挥它的最佳效果，这就必须讲究语言的艺术性。当然，服务用语不能一概而论，销售员们应根据营业性工作岗位的服务要求和特点，灵活地掌握。以下是日常接待顾客时要经常用到一些礼貌服务用语。

在与顾客初次接触时，可以说"欢迎光临""您好""请""早上好，欢迎光临"等。

在回应顾客的招呼时，销售员可一边回答"您好，请问需要为您做些什么吗？"一边放轻脚步迅速迎向顾客。

业务繁忙时，可以说"对不起，我失陪一下。""对不起，请稍候，我马上来。""对不起，那边有位顾客，我过去招呼一下，马上来。"或是"请等一会儿，好吗？"

在顾客犹豫不决时，销售员应站在顾客斜左方、斜右方或并立，以温柔亲切的语调引导顾客的眼光，将不同款式的首饰特性解释清楚。如："如果您用这款会比较合适。""不知您觉得如何，我倒是觉得适合您。"

在面对无意购买的顾客时，可以说："很抱歉，没有您喜欢的那款首饰。""希望下次有机会能为您服务。""希望您能在其他地方买到需要的

款式。"

在顾客决定购买时,销售员要面带微笑向他致谢,可以说"好的,我马上给您办手续"、"谢谢您的光临"、"您真有眼光"等。

在接待投诉的顾客时,销售员要仔细地倾听投诉并诚挚地向顾客道歉,如:"实在抱歉,我马上请示经理,尽快给您满意的答复,请您在这坐一下。""谢谢您多提宝贵意见。""非常抱歉给您带来许多麻烦。""对不起,这是我工作中有失误,请您原谅。"

在营业接待工作中,销售员使用礼貌用语应做到自觉、主动、热情、自然和熟练。把"请""您好""谢谢""对不起"等最基本礼貌用语随时挂在嘴边,这样才能给顾客留下一个美好的印象。销售员在接待顾客时,态度上要热情大方、和颜悦色,语言上要充满友好感,语调要柔和,使用文明服务用语,不动怒,以主人翁的姿态待客,对顾客恭敬有礼,处处礼让、友善,注意使用敬词和尊称,不挖苦,不讽刺,不得理不让人。

 ## 不要让客户有"被迫接见"的感觉

> 沟通,首先是面对自己,如果你连自己都沟通不良,那么怎能奢谈和陌生人沟通。
>
> ——雷蒙·A·施莱辛斯基

一般的准客户对销售员都怀有戒心,利用强硬的手段,非但没有效果,反而会增加他对你的抵触情绪。

原一平从来不采用这种"被迫接见"的方法。

原一平虽然性格倔强,争强好胜,但他从未对客户无理过,因为他深知寿险销售员主要的任务是发现准客户,他的"被迫接见"不同于别的"被迫接见"方式,原一平是在尊重别人的客观基础上,步步为营,使得对方在轻松的环境下,进入原一平"被迫接见"的圈套。

第2章 三言两语打开场，接近客户零距离——销售开场白训练

有一次，他想通过电话约见一位准客户的表哥，也就是间接发展其他准客户。

"你好，是某某文化公司吗？请你接总经理室。"

"请问你是哪里啊？"

"我叫原一平。"

"请你稍等一下。"

电话转到总经理室。

"哪一位啊，我是总经理。"

"总经理，你好，我是明治保险公司的原一平，我听说你对继承权方面的问题有研究。所以今天冒昧地打电话给你，几天之前，我曾拜访过你的表弟，与他研究了继承方面的问题，不过我觉得没有使我真正满意，所以今天我想与你再来研究一番。"

"嗯。"

"事情的经过你问你表弟就知道了，我本来可以叫你的表弟写一份介绍函再来向你讨教，不过这样似乎有强迫的味道……我觉得还是自然点好，也能主观地尊重你……"

"嗯。"

同样一声"嗯"，但第二声比第一声亲切多了。

"怎么样呢？"

"既然是这样，咱们约个时间谈谈也好。"

尊重准客户，重视准客户。谈话之中要注意分寸，尽可能避免无形中对准客户的伤害。

透过你的坦诚，准客户会对你产生某种安全的感觉。

原一平认为，对这些陌生客户的开发，千万不能生硬地问人家是否投保，这样你永远都成功不了，就算是有幸运之神，他也将会避你而行。首先，你应谈一些双方都感兴趣的事，这就是建立亲和力；其次，你在推销产品之前，想到应该如何把自己"推销"出去。如果一个人都能把自己"推销"给客户，那么还有什么东西推销不出去呢？然后，慢慢地进入客户频道，发挥你的口才与潜力，这样才能顺利成交。

精彩开场白是设计出来的

> 给你个选择：你可以留着这张名片，也可以扔掉它。如果留下，你知道我是干什么的、卖什么的，细节全部掌握。
>
> ——乔·吉拉德

销售员的开场白最好是自己特意设计好的，并且要符合一般人的思维模式，可以参考一下神经语言程式学，这样就可以做到对待什么样客户，说什么样的开场白，让对方找不到回答"不"的问题。首先提出一些接近事实的问题，让对方不得不回答"是"，这是和顾客结缘的最佳办法，非常有利于销售成功。

下面是原一平用过的开场白。

"哦，好可爱的小猫，是波斯种的吧？"

"是的。"（事实如此，不得不这么回答）

"喂！您看那双宝石眼，真漂亮！您一定每天都会细心照顾它，很累吧？"

"是啊，不过是一种喜好嘛，就不觉得太累了。"（对方很高兴地回答）

每当原一平遇到有宠物的人家，总是这么与顾客搭腔。这种办法确实容易引起对方的共鸣，从而引导对方做肯定的回答，再逐渐转移话题，言归正传。

首先引出容易被别人接受的话题，是说服别人的最基本方法。一般进入正题前，先问对方6个有肯定答案的问题。销售员如果一开始就说："你要不要买我的商品？"总是不能奏效，所以不如先谈些商品以外的问题，等谈得投机了再进入正题，这样对方就容易接受了。

以下是一些可供借鉴的成功案例：

如果你是一个药品销售员，一进药店的大门，就可以大胆地向对方表明自己的来意：

"您好,我是××制药公司的×××。我今天来是要跟贵药店洽谈代销药品的事情……我真心地希望能跟贵店合作,希望贵店……"

在这个开场白中,如果你没有这一番直接道明来意的介绍,没有很清楚地向药店销售员说明此次前来的目的,没有表明自己的合作诚意的话,对方很可能会将你当成一名普通的消费者,为你提供推荐药品、介绍功效等服务,而最后你却突然又说:"我不是来买药的,我是某某厂家的销售员……",那么药店销售员就可能会有一种强烈的被欺骗的感觉,马上就会对你的药品推销产生反感情绪。这时,你要再想展开推销工作肯定就困难了。

"下午好,林先生,我是大东公司的小静。我今天之所以特意打电话给您,是因为我们刚刚成功地与××完成了一项重要的合作。我希望下个礼拜能到您那儿拜访,和您探讨一下我们与××先生合作的成功经验。您看什么时候方便?"

"上午好,汪先生,我是卓越公司的小琳,我今天特意来拜访您,是为了告诉您一种能够有效提高工作效率的产品。我深信同××先生一样,您也会对这个产品感兴趣。"

从身边细节寻找话题

只有不断找寻机会的人,才能及时把握机会。

——原一平

大凡成功的销售员都知道如何从细微之处打动顾客,著名的汽车推销大王乔·吉拉德自然也不例外。

乔·吉拉德和顾客在一起的时候从不接电话,而且禁止总机把任何电话转进办公室。就像律师在法庭上从不接电话,医生在做手术时也无暇接电话一样,乔·吉拉德认为自己跟他们一样重要,因此他也不接电话!乔·吉拉德有一个观点,那就是如果销售员在和顾客谈话时,因为接电话而中断谈话,那么顾客的购物热情就会一落千丈!

环视乔·吉拉德的办公室,墙上见不着一幅汽车宣传画。原因何在?"有多少次你在汽车销售员办公室的墙上看到花花绿绿的汽车招贴画呢?"乔·吉拉德这样回答:"那只会让顾客困惑!他会提出一些问题,如'那辆车多少钱?'或'嗯,也许我该看看那个型号。'我的墙上只有我获得过的奖章。这些奖章会让顾客知道与他打交道的是个人物。"

当一名顾客走进乔·吉拉德的办公室,乔·吉拉德所做的第一件事就是送给顾客一枚圆形的纪念章,上面印着一个苹果并写有"我喜欢你"的字样。乔·吉拉德也给他们的妻子和小孩一人赠送一个。然后,孩子们还得到一种心形的气球,上面写着"乔·吉拉德会让你满意而归"。

乔·吉拉德这样解释自己的做法:

"你知道,大家都喜欢对自己孩子友善的人。我跪下来对孩子们说:'嘿!你叫什么名字?啊,吉米,你好。呀,这小孩真乖。'接着,我仍然跪在地上,与小吉米爬到我的柜子那儿,这时他的父母一直在瞧着这一幕!'吉米,我这儿有好东西给你。瞧瞧是什么好东西!'我把手伸进柜子抓出一把棒棒糖,告诉孩子:'现在,吉米,你拿一个棒棒糖,剩下的妈妈拿着。这是气球,气球爸爸拿着。好,我跟爸爸、妈妈谈话时你要乖乖的,别闹。'这段时间我都是跪在地上说的。这些都是人情,也是推销的一部分。现在这位顾客怎能拒绝一个和他的孩子趴在地上玩的人呢?"

"推销无小事,事事关成交。"乔·吉拉德这样说。

 ## 记住和称呼客户的姓名,赢得对方的好感

应该使准客户感到,认识你是非常荣幸的。

——原一平

第2章　三言两语打开场，接近客户零距离——销售开场白训练

乔·吉拉德说，你必须在与客户沟通的前5分钟，说出他的名字5次。假如你能够这样做，对方的信赖感会大大增加。当你喊出他的名字时，他也会觉得他自己非常棒。

这是什么原因呢？一个人最感觉亲切的，就是他自己的名字。当别人叫出自己名字的时候，不管他是谁，自己都会有一种特殊的感觉，感觉自己很重要，尤其是那些认识不够深的朋友，如果你能够记住他的名字，他会感到自己很受重视。

当然，作为一个顶尖销售员，光记住对方的名字还不够，最好将客户亲人的姓名也牢记下来。在偶尔见面时，能够问到"你女儿怎么样？""你儿子读书怎么样？"打招呼时，你若能喊出对方亲人的名字，多谈客户亲人的状况，你就能获得客户的好感。

称呼见过面人的名字的魔力在于，它能让你毫不费力就获得别人的好感。销售员在面对客户时，若能经常准确不断地以尊重的方式称呼客户的名字，客户对你的好感也将愈来愈热。

美国前总统克林顿还在念大学时，就习惯把见过的人都一一记下来。他把这些人的名字写在资料卡上，不时打电话或写信给他们。连他同这些人谈话的内容、他们的回信等等，他都详细地记录、保存好。后来在他竞选阿肯色州州长时，他已拥有超过1万张的资料卡档案，这些人后来统称为"比尔的朋友"。正是这些朋友，帮助克林顿一步步走向事业的巅峰。

专业的销售员会密切注意准客户的名字有没有被报章杂志报道。若是你能带着有报道准客户名字的剪报一同拜访你的准客户，客户能不被感动吗？能不对你心怀好感吗？

所以，如果你企望推销自己，你企望给客户以好感，就请记住客户的名字。如果你一见面就能像朋友似的称呼客户的名字，对方就不会纯粹把你当成一个销售员来接待，而会把你当成老朋友来招待，这对推销再好不过了。

如果你想获得对方的好感，如果你想迈向成功的巅峰，那么请记住你交往的每一个人的名字。这是乔·吉拉德的亲身体验。

借他山之石让开场白别出心裁

> 不妨用礼物搭建一座通向客户"心"的桥梁,借助礼物俘获客户的心。
>
> ——原一平

一些较为权威的、别出心裁的开场白,往往可以帮助你避免老套,并能够使客户对你产生信服感。

1. 借助权威机构

例如:

"××先生,我是××研究所的王皓,我打电话是要向您通报一件事。"

"××小姐,我是××大学××研究院的王皓,我打电话的目的是想和您分享一个对您非常有帮助的信息。"

这两个例子都是借助了权威的机构来作为自己的开场白,以达到开场即能够吸引、说服客户的目的。

2. 借助公司威望

"您好!我是大东方销售培训公司的陈志良。我不知道您以前有没有接触过大东方公司,但我想您肯定听说过大东方销售培训公司,我们是国内唯一一家专注于销售人员业绩成长的专业服务公司。我打电话给您,主要是考虑到您作为销售公司的负责人,肯定也会关注那些可以使销售人员业绩提高的方法。所以,我想与您通过电话简单地交流一下(停顿)。您看我现在打电话方便吗?我想请教您几个问题(停顿),您现在的销售培训是如何进行的呢?"

在这个小例子中,销售员通过介绍自己是某著名公司的职员,借助公司的名声和威信来跟客户交谈,这样就在客户面前建立了一种威信,有助于推销工作取得成功。

3. 借助权威专家

"陈部长,您好。我是××公司的销售代表。我们公司即将在国际展览中心举办一个新产品巡回展览,届时我们会将所有的重点产品都展示出来,而且我们还请来了电子商务方面的知名专家,他对互联网的数据处理很有研究,您一定会感兴趣的。"

在这个开场白里,销售员向客户提到了某行业领域的权威专家××,来增加活动的专业性和正规性,从而让客户接受自己。

4. 借助自己的身份

"上午好,××先生。我是丁毅,是××公司的营销副总裁。不知道您对我们是否了解?我们是一家营销培训公司,在上海和广州都有分公司,我们为××等多家知名公司提供过多种服务。"

在这段开场白中,该销售员首先通过介绍自己的职位是"公司的副总裁"来增加自己的权威性,从而让客户信服,接受自己的培训服务。

家常聊天式寒暄让推销更接地气

> 推销工作最重要的是与客户建立亲近的关系,如果老是采用恭维的称呼,恐怕无法缩短彼此间的距离。
>
> ——原一平

赵经理:"丁先生,你好!你这么忙还要打扰你,真是不好意思。这是我的名片,请多指教。"

丁先生:"哦!赵经理呀,你好!"

赵经理:"不知道丁先生平常都有哪些休闲活动?"(谈论客户的一些兴趣爱好)

丁先生:"喔!我每周有两个晚上要去上软件设计的课程,星期日有时会带小孩去公园或动物园。"

赵经理："真不简单，很佩服你啊，工作这么忙，还能坚持学习。你有几个兄弟姐妹呀？"(拉起家常，进行寒暄)

丁先生："有一个哥哥、一个姐姐、一个妹妹，我是老三。"

赵经理："哦！他们都在哪里高就？"

丁先生："姐姐自己开一间化妆品店，哥哥在银行工作，妹妹是一家私人企业的职员。"

赵经理："都挺不错的嘛！"

丁经理："哪里！"

赵经理："你们平时经常联系吗？"

丁先生："喔，不经常。只有在假期时大家才会一起出去玩，或吃吃饭，聊一聊。"

赵经理："你平常如何做理财计划呢？"

丁先生："没有啦！一个月才几千元的收入，能做什么理财计划？"

赵经理："那你买保险了吗？"

丁先生："买了啊！"

赵经理："一年大概要交多少保费？"

丁先生："大概1 000多元吧！"

赵经理："当初买保险是出于什么目的呢？"

丁先生："因为现在大多是小家庭嘛！万一我有个三长两短，太太、孩子怎么办？总要为他们想一想吧！"

赵先生："你真是一个负责任的好父亲呀！"

丁先生："哪里！哪里！"

赵经理："如果现在有一个工作能够将你的所学和你的业务方向结合在一起，也就是说，将管理和推销综合运用，让你表现得更出色，而且待遇是你目前的2倍，你愿不愿意去尝试一下呢？"(切入正题"保险")

丁先生："当然愿意啦，那是什么工作呢？"

赵经理："就是保险行销事业呀！"

丁先生："但是，我不会做保险啊！而且我想我大概也不适合。"

赵经理："其实大多数人一开始都像你一样，觉得自己不适合做保险，我刚开始时也是这样的。不过,许多东西都是可以学的,就像你也不是天生就会电脑一样。我也不敢说你适不适合,只有去尝试以后才能下结论,而且刚好我们公司这个星期有一个讲座,你可以过来感受一下。"

丁先生:"那好。"

该销售员在一开始就谈了客户感兴趣的方面,然后又接着赞美客户,活跃了谈话的气氛,最后又说了一些普通的家常话,像询问客户的家庭成员在哪里工作等方面的寒暄,都是为了拉近彼此的距离,增进感情,最后成功说服客户加入推销的行列。

 ## 做好谈判前的话题准备

> 与客户始终保持同步,有助于使客户对销售员产生情感共鸣。
> ——原一平

相互问候之后进入商业谈判之前的一个"冷场"的时间,如何处理好这段时间较为困难。如果把见面时的开场白作为谈话的第一步战略,那么这个时间的谈话就算是第二步战略了。这时,尽快地引出让对方很感兴趣的话题,对于谈判的成功是相当重要的。

访问之前,如果销售员搜集了对方有关的资料,为这第二步战略做充分准备的话,谈话时就可以得心应手、滴水不漏。若没有掌握对方这一方面的资料也不知道对方的兴趣、爱好或经历时,就一定要千方百计地想办法找共同的话题。

例如,称赞茶、咖啡等饮料味道好,办公器具高雅别致,椅子沙发高级,等等。如"这沙发真有点总经理的派头",对方一听会微微一笑,也会觉得你这个人挺有意思的。墙壁上如果挂有匾额或字画,就可问:"您喜欢字画吗?"总而言之,只要认真观察琢磨,周围可作为话题的实在很多。

电视新闻也可以作为话题,体育比赛也可以作为话题。譬如在足球世界杯比赛季节，可问对方："您喜欢看踢足球吗？"如果对方回答"喜欢"，则可以进一步问："您喜欢哪一支球队？"进而还可拿昨天比赛的胜负作为话题。

对方可能是球迷，也可能因昨天自己喜欢的那支队输了球而心情不佳，也可能有的人因工作繁忙或没有兴趣而对体育比赛漠不关心，所以自以为是地乱发挥是不行的。聊天时要注意观察对方的表情及反应，若对方不感兴趣则要及时变换话题。

如果初次见面就谈得投机，接下来就比较顺利了。一般说来这种情况下应说一些高兴的事，不要讲一些令人垂头丧气的事。如果对方天南地北地说个不停时，那你就要好好听着，再根据时间及情况，顺理成章地把话题转入正题。

在谈判期间，推销人员报了价，但对方就是没有买的念头。在这种情况下，不妨转换一下话题，从正式谈话转为闲聊，并以对方感兴趣的一些话题作为开场白，充分利用你那三寸不烂之舌，使对方对你公司及其产品抱有好感。也就是说，正面进攻不成就改用侧面进攻。

有的销售员一下子就把所有的资料都拿出来："所有的资料应有尽有，我都带来了，请看吧。"这种办法其实很不正确，客户势必无法细看，只有敷衍了事地看一遍，没有什么效果。正确的做法应该是拿出一些重要资料即可，一边耐心地说明，一边让对方看，这样才能奏效。

如对方还是皱着眉头，不妨打开随身携带的彩色照片或有关资料，指着上面的美女照片说："瞧！这位美女漂亮吧！"或者指着另一张照片说："这一位就是我们公司的总经理。"另外，可以指着其他一些照片请对方欣赏，这样一来，对方的脸色、态度和会谈的气氛就可能改变。

没有彩色照片也有办法，譬如可比划着喝酒的姿势说："您的身材真魁梧，酒量一定很好吧？""大概您喜欢运动吧！"这样一来，对方的嘴巴就不会绷得那么紧了，回过头来再进入正题时，推销说不定就会成功。

第2章 三言两语打开场，接近客户零距离——销售开场白训练

 **练口才　做销售**

在开场白的把握上，应当注意以下几个要素：

（1）提前准备好相关的题材和一些幽默有趣的话题。

（2）注意避免一些敏感性、容易引起争辩的话题，例如宗教信仰的不同、政治立场的差别、观念的差异等。另外，还要避免说那些缺乏风度的话，不要去窥探客户的隐私，不说有损自己品德的话或夸大吹牛的话，在面对女性客户时，更要注意话语的得体与礼貌。

（3）得理要饶人，有理也要心平气和地去说服别人。

（4）一定要多称赞客户及与其有关的一切事物。比如，你可以以询问的方式开始，"您知道目前最热门、最时尚的商品是什么吗？"尽量从肯定客户的地位及社会贡献开始双方的交谈。

（5）以格言、谚语或众所周知的广告词作为开场白。

（6）以谦称和请教的方式开始。

（7）以开源节流为话题，可以告诉客户若购买本项产品将节省15%的成本，可赚取10%的高利润，并告诉他"我是专程来告诉您赚钱及节省成本的方法的"。

（8）可以以与某一单位共同举办市场调查的方式为开始。

（9）可以以他人介绍而前来拜访的方式开始。

（10）可以举名人、有影响力的人的实际购买例子以及使用后效果很好的例子为开始。

（11）运用赠品、小礼物、纪念品、招待券等方式开始。

（12）以动之以情、诱之以利的生动展示的方式开始。

（13）以提供新构想、新商品知识的方式开始。

（14）以具震撼力的话语，能吸引客户有兴趣继续听下去，比如"这部机器一年内可让您多赚500万元"这样的话语开始。

第3章
步步攻心巧诱导，牵着对方鼻子走
——攻心口才训练

优秀的销售人员能够让客户明白从他手中购买产品而不是从竞争对手处购买产品的好处是什么；优秀的销售人员懂得更多的专业知识，他可以给客户更多的建议、更好的服务；优秀的销售人员明白客户的心声，了解客户的真实想法；优秀的销售人员让客户感觉良好，好到让客户觉得如果不从他那购买产品就会有负罪感。

积极劝诱，挠到客户内心的痒处

> 营销是没有专家的，唯一的专家是消费者，就是你只要能打动消费者就行了。
>
> ——史玉柱

为了使客户产生购买的欲望，有时候仅仅让客户看到商品或进行演示是不够的，同时还必须对他们加以适当地劝诱，使他们头脑中呈现出这样一幅美景——该商品的良好使用效果。

有一位推销空调的高手，他从来不滔滔不绝地向顾客介绍空调机的优点如何如何，因为他明白，在很多情况下，人们并非完全因为东西好才想得到它，而是由于先有相应的需求，才会感到东西好。如果没有需求的话，东西再好，他也不会买。

所以，他在推销他的产品时并不说"这样闷热的天气，如果没有冷气，实在令人难受"之类的刻板的套话，而是把那些有希望购买的潜在顾客想象成刚从炎热的阳光下回到一间没有空调的屋子里，然后再诚恳地对他说："您在炎热的阳光下挥汗如雨地工作后回家来了，当您一打开房门，迎接您的是一间更加闷热的蒸笼，您刚刚抹掉脸上的汗水，可是额头上立即又渗出了新的汗珠。当您打开窗子，却一点风也没有。您打开电扇，吹来的却是热风，使您本来就疲惫的身体更加烦闷。可是，您想过没有，假如您一进家门，迎面吹来的是阵阵凉风，那将会是多么惬意的享受啊！"

在说服中运用一定的语言诱导是很重要的，但是，运用语言诱导的时候，必须强调话语的合适性，确保使用的语言能够达到一定的说服效果。如果语言运用不适，有可能会加重被说服者的不利情况，或是客户带来负面的影响。

在说服的过程中，应该正确地使用引导语，以使说服取得理想的效果。

第3章 步步攻心巧诱导，牵着对方鼻子走——攻心口才训练

同时，语言诱导不可滥用，一定要恰到好处。

首先，要有目的性地进行语言诱导。

在进行语言暗示的时候，必须有一个明确的目的，要有一个所要实现的目标作为指引，不能任意地去发挥语言，而必须让说服过程中所有的语言指向要完成的心愿。例如，你要说服客户购买你的产品进行减肥，在设计以减肥为目的的暗示语时，必须围绕着减肥进行。你可以暗示客户说："想象一下，使用了这个产品后，你身材越来越好了，你再也不用担心那些热量很高的食物了，你会实现我想要的体重的……"

要想实现暗示的特有效果，必须让设计的说服语言指向一个专有的目的，不可没有目的或是目的不够单一的去进行说服活动。

其次，你的语气一定要带有诱惑性。

同样的语言，在一流的销售员口中会带给人强大的暗示和指引，而让普通人说来却显得毫无价值，这就是在说话的过程中，使用了一定的技巧。销售员的目的在于引导客户进入说服中，并且可以毫无防备地接受销售员所施加给他的各种语言暗示，因此如何让这些有价值的引导语言完全的进入人的意识中，就需要一定的专业经验的积累。

如果在说服中依然使用和平常一样的腔调，甚至依然采用命令性的语气，可能会丧失客户的信任和好感，语气要轻柔且让人感觉到像是一种来自遥远的引导指令，让人们可以在毫无防备的情景下自然地接受这些指令。

最后，诱导用词要具有适当性。

在诱导进入说服的过程中，要注意运用合适的时间词，要让这些代表时间的词或短语可以引起人们的注意力，起到较强的效果。如："在决定拥有这件产品之前，你真的想感受一下它的功效吗？"这句话让人将注意力引导到是否要感受产品功效，而且还假设他会试用这件产品。"在你完成这项计划前，我想和你讨论点东西。"这句话假设了你将会完成这项计划。这些合适的时间副词会让人产生不一样的理解力，恰当地运用带有假设含义的语言，如："你打算多快做这个决定？"暗示了你一定会做出决定；"你准备什么时候开始更进一步合作？"暗示了你已经处在合作状态，同时你还要继续合作下去"。

对于一些带有否定色彩的词语，在运用的时候也要根据实际情况酌情使

用。如"在你没有做好充分准备前，不要轻易购买"，其实暗示了你一定会购买，同时暗示一个人去做充分的准备。这种恰如其分的暗示，会让客户对你更信任。

说服语言的运用不是简单地把话说出来就完事了，需要有一定的技巧，以使简单的语言收到更加有效的影响。也许，在我们试图说服客户的时候，说了一大堆的好话都没起作用，而一句一针见血、抓住要害的简单话语则可能收获难以预想的效果，这就在于合适的话语可以带给人们不一般的体验，引起人们心灵上的共鸣。

总之，利用语言诱导对客户进行暗示和说服，必须在实践中融会贯通，灵活运用。只有把握住分寸和尺度，才能实现你想要的效果。

创造条件，引导客户的购买需求

零增长不等于零需求。

——张瑞敏

先看一下这个例子，一个领带销售员在旅馆的柜台旁见到一位先生：

销售员："对不起，先生……"

客户："唔？你是谁？"

销售员："我叫本·多弗……"

客户："你是干什么的？有什么问题吗？"

销售员："哦，不，先生，没那回事。我是爱美领带公司的。"

客户："什么？"

销售员："爱美领带公司。我注意到你没系领带。"

客户："你没看错。"

销售员："我能冒昧问一下为什么吗？"

客户："当然。我就不喜欢这东西。"

第3章 步步攻心巧诱导，牵着对方鼻子走——攻心口才训练

（销售员从箱子里抽出一条样品。）

销售员："我这里有一条正好可以配你这身衣服。"

客户："也许是吧，可我并不需要。家里大概有50条了。你看，我不是本地人，至少现在还不是。公司把我调过来，我是趁周末出来找房子的。找房子用不着领带。"

销售员："啊，让我成为第一个欢迎你到本地来的人吧！你从哪儿来？"

客户："佐治亚州阿森斯，道格斯棒球队的故乡，是世界上最好的社交城市。"

销售员："真的？"

客户："那当然。我一下班就把领带取下来，换上牛仔裤和T恤衫，先去打个把小时棒球开开心，晚上再出去玩。"

销售员："听起来挺有意思。不过说到领带……"

客户："不，我觉得并非如此。"

销售员："这个星期天减价，才12美元一条，不过我今天可以10美元卖给你。它配你的上衣很合适。"

客户："不，我今天不买。跟你谈谈还真有意思，不过我得上楼回房间去了。今天一整天我都不舒服，而且很累，也不知是怎么回事，和我以前的感觉大不一样。不管怎样，我得休息一下了。今天晚上我想轻松轻松，在房间里安安静静地喝它12罐啤酒，放松一下。"

销售员："这么说，你对我的领带毫无兴趣。"

客户："没有。再见……"

可怜的销售员，其实他只要做好两件事，就会让这个生意出现转机。

第一件事，倾听。如果你能让对方多说点话，从他的话里，你就能获得把买卖做成的信息。

他们那段对话有多长时间？一分钟多一点。可是我们从中可以了解到那个客户的哪些情况呢？

（1）他不喜欢领带。上班的时候，他不得不戴，而且他的领带已经约有50条。一出公司的门，他就把领带取下来。

（2）他不是当地人，是来这里找房子的，找房子用不着领带。

（3）他来自佐治亚州阿森斯，喜欢道格斯棒球队。

（4）他喜欢参加社交聚会，喜欢牛仔裤、T恤衫，喜欢打打棒球，还喜欢晚上出去玩玩。

（5）他今天的情况怎么样？有点儿累了。

（6）他今天晚上想干什么呢？他要上楼回自己房间休息休息，要稍稍放松放松，安安静静地喝12罐啤酒。

销售员要了解到客户真正关心的是什么，然后，极力向他们说明自己所销售的东西能帮助他们得到他们早就渴望和需要的。

想想他今天晚上坐在房间里，喝到第四罐啤酒的时候，脑子里会想些什么？好！有办法了。

"哦，你今天晚上没有必要一个人坐在房间里。这家宾馆有一个很好的休息厅，许多喜欢社交聚会的人都上那儿，他们中有些人一定想会会你。不过有一点，这儿可不像佐治亚州阿森斯，这儿的人晚上外出可不穿牛仔裤和T恤衫。你也得穿着讲究。你知道，今晚你要想引人注目，需要点儿什么？"

当然是一条领带！

每个人买东西的动机都不一样，如果这个潜在的客户说他是牧师，晚上想在房间里看点儿宗教方面的书，那你怎么办？你该跟他说些什么呢？

"你今晚没必要一个人坐在房间里。你还不知道哇，在这个美好的城市里，每天晚上都有祈祷会。你知道你想在今晚祈祷会上引人注目，还需要点儿什么吗？一条领带！是的，先生，戴上这条领带你会非常引人注目，我敢说他们没准还会请你站起来说说这条领带呢！"以此启发客户作出决定。

 ## 给客户实施暗示性的意向引导

> 市场行为主要的导向因素，第一个是市场需求的导向，第二个是技术进步的导向，第三大导向是竞争对手的行为导向。
>
> ——于干

第3章　步步攻心巧诱导，牵着对方鼻子走——攻心口才训练

顾客有心要买，只是觉得商品的价格超出了自己的预算，这时如果店员没有进行成交方面的努力，很难成功交易。比如，店员说："东西就是这样的东西，你自己看好。""怎么使用，说明书上都有。""反正买不买选择权在你。"

上述这三句话的共同点就是非常直白生硬，从语气上就让人很不舒服。这会让顾客感觉到非常没面子，继续交易的热情大大降低。

面对此类情况，店员可以进行"暗示意引"促成交易的成功。在现场交易中，适时地向顾客实施"意向引导"，一般能使买卖顺利进行下去。

意向引导成交法就是在商品的销售过程中，店员一开始就要做好心理准备，向顾客做有意识、肯定的暗示，使他们从一开始就走进店员准备好的"圈套"。

意向引导成交法在买卖交易中的作用很大。能使顾客转移脑中所考虑的对象，产生一种想象。这样就可以使顾客在买东西的过程中，变得特别积极，在他们的心中也产生一种希望交易尽早成交的愿望。

"意向引导"所有的行动都应是店员安排的。在顾客看来，一切好像都在朝利于自己的方向发展，一直到交易成功以后，他都以为自己占了便宜。

首先，当顾客进门后，店员就要有意向引导的意识。

只要当顾客走进门的时候，店员就应该有这样的意识，给顾客各种各样的"意向"暗示。这样可以使顾客对你所卖的商品有一种积极的态度。

比如，店员可以说："您的卧室如果使用我们的床上用品，一定会感觉到温暖舒心，你看这是我们的样板照片。"

其次，当买卖进入实质阶段，店员要抓住时机说出意向引导的话语。

店员要善于把握进攻的机会。如果店员有把握，到了探询顾客是否购买的最佳时机，你可以立刻对顾客说出你早已想好的"意向指引"的话。

店员："每个父母都希望自己的孩子健康聪明。'望子成龙，望女成凤'嘛，这是人之常情。不过您一定知道，一个聪明活泼的孩子跟家长从小的培育关系是非常大的，益智玩具是必不可少的。你看我们这款益智玩具是不是很合适？"

当买卖进入到实质性阶段的时候,顾客可能对你的暗示加以考虑,但是可能不会很仔细地考虑,一旦你有把握的时候,可对顾客进行买卖意向试探,顾客会再度考虑你的暗示,这个时候会坚定自己的购买意图。

最后,在讨价还价阶段,仍离不开意向引导的作用。

顾客买东西,绝对不会温文尔雅,即使真的很看好商品,也会进行激烈的讨价还价,尽自己所能与卖主周旋,希望将商品价格压到最低。这个时候店员不必坚决地说少多少钱不卖,可以绕着圈子指引。

店员:"现在经济衰退,我们的产品可以说物美又价廉,如果市场竞争不如此激烈的话,我们绝对不会以这么低的价格出售的。当然,您自己的钱自己支配,但是谁不想购买满意的产品呢?我不是强迫你买我的商品,但是从它的性价比来看,真的很实惠。"

在交谈的过程中,店员可以渗透进去自己的"意向引导",但是这种引导要毫无痕迹,就像一个正常的店员正常说出的话一样,意向引导如果过于明显,会引起顾客的反感,如果意向引导过于平淡,又很难影响顾客的思维。所以,最高明的店员是把自己的意向引导杂糅到自己的一言一行中,直到交易完成。

 ## 掌握客户的关心点,并证明你能满足他

> 对妇女,卖给他们的不是鞋,而是漂亮的脚。
>
> ——蒂切特尔

同样一部车,每位买主购买的理由都不一样,但结果都是买了这部车。有的是因为车子安全设计好而购买;有的是因为驾驶起来很舒适顺手而购买;有的是因为车的外形正能代表他的风格而购买。

因此,掌握客户关心的重点,仔细地诉求,证明你能完全满足他,是展示说明时的关键。

第3章 步步攻心巧诱导，牵着对方鼻子走——攻心口才训练

欲望是人们满足需要的愿望，是一种积极的、能转化为动机和行为的情感和心理定势。激发客户的购买欲望是指销售员通过销售活动，在激起客户对某产品（或销售员所在的公司）的兴趣后，努力使客户的心理产生不平衡，产生对感兴趣的产品持积极肯定的心理定势与强烈拥有的愿望，从而导致购买行为。

一般客户产生兴趣后，兴趣就会很快转化为购买欲望，这是因为：

首先，产品的功能能满足客户的需要。这是客户产生购买欲望的根本。

其次，销售员能满足客户对购买方式的选择。客户在对产品感兴趣的同时，会对购买方式产生选择的需要，如购买的安全感、方便与否、售后服务是否良好、方便等，销售员在这方面是有优势的，销售员在宣传时如能恰到好处地指出来，客户就会很快产生购买行为。

第三，销售员能满足客户购买的情感需要。购买欲望大多来自情感，而不是理智，或者说在购买行为中，总是情感的选择大于理智的选择。美国有一个推销保险的大师，曾一年推销10亿美元的人寿保险。他认为推销98%是人情，是销售员对人情的理解，2%才是销售员对产品知识的理解。销售员常常创造出许多有感情色彩的销售环境，将有利于客户产生购买欲望。

第四，销售员充分说理，并提供大量信息。这些都可以使客户不断强化与维持购买欲望。情感只是一个心理过程，随着时间的推移，会过去和消失，只有信息与道理才能加深理解，并使已形成的购买欲望向行为转化，而不是相反。

当然，销售员的优势只是向客户提供了转化兴趣为欲望的可能，真正的转化还需要销售员的努力，下面介绍几种方法：

方法一：在客户产生兴趣后要及时检验其对销售员及产品的认识程度，如询问有否不明白、不理解的地方，有否需进一步示范及说明的地方。如果有，要及时解释、示范与说明。

方法二：了解到客户尚有担忧与疑虑后，要进行反复的解释。

方法三：强化情感。如发现客户对销售员、对销售员所在的公司及销售的产品仍有不信任与疑虑之处，则更要继续做好以诚待人、以情感人、以理服人、以利动人的工作，努力改变客户的态度，要始终坚信"精诚所至，金

石为开"。

方法四：多方诱导。客户在形成购买行为前总是会多方权衡利弊得失的，如果我们能有针对性地进行多方诱导，让客户意识到拥有产品的多方利益时，客户就会产生强烈的购买欲望。

在诱导时要注意，既不要讲"过去"，也不要谈"现在"，而要大说特说"将来"。只有美好的"将来"才是激起客户购买欲望的主要原因。

循循善诱，激发客户的购买欲

> 销售员必须使客户的兴趣演变为强烈的购买欲望。他必须满腔热情，精神振奋，并用这种情绪去感染对方。
>
> ——马里奥·欧霍文

一位电子产品销售员在推销产品时，与客户进行了这样一番对话：

销售员："您孩子快上中学了吧？"

客户愣了一下："对呀。"

销售员："中学是最需要开启智力的时候，您是不是很想提高孩子的智力呢？"

客户："是啊，但是不知道怎样做才有效。"

销售员："我这儿有一些游戏软盘，对您孩子智力的提高一定有益。您肯定认为给孩子买游戏盘会耽误她的学习是吧？"

客户："嗬嗬，是这么想的。"

销售员："我的这个游戏卡是专门为中学生设计的，它是数学、英语结合在一块儿的智力游戏，绝不是一般的游戏卡。"

客户开始犹豫。

销售员接着说："现在是一个知识爆炸的时代，不再像我们以前那样一味从书本上学知识了，现代的知识是要通过各种现代的方式来汲取的。您不要固执地以为游戏卡是害孩子的,游戏卡现在已经成了孩子的重要学习工具了。"

接着,销售员从包里取出一张磁卡递给客户,说:"这就是新式的游戏卡,来,咱们试一下。"

果然,对方被吸引住了。

销售员趁热打铁:"现在的孩子真幸福,一生下来就处在一个良好的环境中,家长们为了孩子的全面发展,往往在所不惜。我去过的好几家都买了这种游戏卡,家长们对于这种有助于孩子成长的产品都感到非常满意,而且还希望以后有更多的系列产品呢。"

客户已明显地打动了购买之心。

销售员:"这种学习型的游戏卡是给孩子的最佳礼物!孩子一定会高兴的!您想不想要一个呢?"

后来的结果是,客户心甘情愿地购买了几张游戏软盘。

在这里,销售员巧妙地运用了提问的艺术,一步一步,循循善诱,激发了客户的购买欲望,使其产生了拥有这种商品的感情冲动,促使并引导对方采取了购买行动。

 ## 探询顾客的购买力

> 投其所好是百试不爽的客户攻略。培养自己了解客户的爱好或兴趣,这样如果以后有机会接触客户,你就会很清楚地了解对方是否有购买的意愿。
>
> ——原一平

顾客有购买的意思,但还在犹豫,手上拿着两件商品,一个价格稍微贵一些,一个价格一般。贵一些的质量、款式更好一些,而价格一般的比较大众化。这个时候,顾客的犹豫可能是在掂量买哪一个更合适自己。遇到这种情况，销售员会怎样让顾客顺利买单呢？

如果销售员说："喜欢就都买了吧。"虽然销售员都希望顾客把喜欢的都买了，但是这样话轻易不要说出口，否则顾客会觉得销售员是为自己的业绩而推销，产生腻烦心理。

如果说："喜欢哪件就买哪件呗！"有的销售员可能看顾客犹豫，就会说这样的话，其实这样的话说了等于没说一样。

"哪件都挺好的。"欲夸自己的商品，但是没有说服力，顾客会觉得销售员做事不认真，没有尽力为顾客服务。

以上这三种说话方式都不是最佳的说服方式，聪明的销售员会先探寻顾客的购买力，再进行商品推介。

如果经过判断，觉得顾客购买实力很强的话，销售员可同时强调几件商品的优点，尽量促成多笔交易，这不是不可能的；如果判断出顾客的购买实力一般的话，销售员应注意观察顾客的喜好，看顾客对哪一款商品更为喜欢，然后肯定那一款商品，帮助顾客迅速下决心购买，以免顾客犹豫不决，心烦气躁，影响购买。

比如，针对购买实力很强的顾客，销售员可以参考以下说法：

顾客："到底该买哪件好呢？"

销售员："小姐，您真是有眼光，这两件上衣各有千秋，浅紫色的这件喜庆、显精神，您穿起来特别有女人味；米白色的这件纯洁高雅，搭配裙子或者裤子都很好看，属于百搭款。这两件都非常适合您，难得碰上这么喜欢的，也不差这几个钱，买回去换着穿多省心啊，您说是吧？"

针对购买实力一般的顾客，则可以这样说：

顾客："到底该买哪件好呢？"

销售员："您选中的这两款裙子都很有特色，这件时尚套裙显得精明、干练，具有淑女的风范；而这件雪纺的连衣裙轻盈飘逸、优雅活泼，富有青春气息。您自己更喜欢哪一种风格呢？"

顾客："我觉得时尚套裙也挺好看的，但有些正式。"

销售员："您说得没错，时尚套裙给人的感觉比较正统，一般适合上班穿。而雪纺连衣裙的料子更舒服，适用的场合也更广泛，让人更愿意接近。

第3章　步步攻心巧诱导，牵着对方鼻子走——攻心口才训练

我看这款雪纺的很适合您的气质，比时尚套裙更具有亲和力，要不您就来这件吧？"

当顾客在几件商品之间犹豫不决时，如果很有把握顾客已经很中意选中的商品，但是在购买决定上还不够坚决。这个时候销售员应注意观察顾客的衣着打扮和言行举止，从而判断出顾客的实际购买能力。然后，再根据顾客的购买实力采取不同的应对措施促成交易的完成。

找准切入点，发现客户的潜在需求

　　市场营销观念：目标市场，顾客需求，协调市场营销，通过满足消费者需求来创造利润。

——西奥多·李维特

很多销售员往往是关注自己太多，关注自己产品的品牌、服务太多，而对客户的需求偏好、期望值、价值观等却关注太少。

以推销牛奶为例，常常会出现这种场景：

销售员：您好，我们又推出了一款新牛奶，有什么什么特点，您看您需要吗？

客户：不需要。

销售员：但是我们的牛奶确实很棒……

客户：这跟我有什么关系呢？我从来不喝牛奶，可我活得很好！

销售员：……

在这里，销售员根本没有考虑客户的需求，完全是无的放矢。所以，客户几句话就把他打发了，这是很失败的说服。

但是如果使用下面的说服方法的话，就容易被客户接受：

销售员观察客户一段时间，发现客户缺钙，便找准合适的地点，比如上楼时，对客户说："您当心点，看您很累，我来搀您上去。"

客户：谢谢你了，老了，腿脚不好了。

销售员：怎么能这么说呢，您还要再享几十年福呢，上了年纪的人钙流失得快，要注意补钙，这样腿脚才利索。

客户：可不是嘛！不过吃钙片补充的效果不是很好。

销售员：喝奶效果不错，因为人绝大多数的营养都是从饮食中获得的。阿姨，您看这样，我们刚好有低脂高钙的鲜奶，您喝喝试试。

客户：听起来确实很好，那我就试试看。

后面这位销售员之所以能成功说服客户，就在于他发现了"客户缺钙"这个要害，从而以此为切入点找到了客户的潜在需求。

所以说，要使说服获得成功，就要找到客户的需求点，找到客户的弱点与软肋进行重点突破，并及时满足客户。把销售的理由变成客户需要购买的理由，由销售员的"我要卖"转变为客户的"我要买"。以客户为中心，以需求为导向，找到客户的软肋——这才是说服的关键所在。

正话反说，满足客户对产品的占有欲

> 重新设计自己的推销语言和行动，有无新颖的话语和行动经常决定了订单是否能落入你的腰包。
>
> ——乔·吉拉德

任何人都有一点叛逆心理，顾客在购买商品时也不例外。有时越不容易得到的东西，顾客越想得到。如果你能利用好顾客的这种叛逆心理，给顾客制造一种气氛，让他对你所想推销的商品产生一种占有欲，然后你再跟他说，现在有货了，这种商品可以买得到了，此时顾客心里必然很庆幸，很有可能会欣然买下你的商品。

看看下面的这个推销实例，你一定会为那个销售员高超的推销本领叫好，也一定会受益匪浅。

某销售员正在推销甲、乙两栋房子,而此时他想卖出甲房子,因此他在跟顾客交谈时这样说:

"您看这两栋房子怎么样?现在甲房子已经在前两天被人看中了,要我替他留着,因此您还是看看乙房子吧。其实它也不错。"顾客当然两栋房子都要看,而销售员的话在顾客心中留下了深刻的印象,产生了一种"甲房子已经被人订购,肯定不错"的感觉,相形之下,他就觉得乙房子不如甲房子,最后他带着几分遗憾走了。

过了几天,销售员带着热情的表情高兴地找到这位顾客,告诉他:"您现在可以买到甲房子了,您真是很幸运,正巧订购甲房子的顾客把房子退回来了,他说家人太多,觉得房子有点小,想另找一栋再大点的房子,我那天看您对甲房子有意便特地给您留下来了。"

听到这,那位顾客当然也很庆幸自己能有机会买到甲房子,现在自己想要的东西送上门来了,此时不买,更待何时,因此,买卖甲房子的交易很快达成了。

在这个例子中,销售员稳稳地掌握住顾客的心理,通过把顾客的注意力吸引到甲房子上,又给他一个遗憾——甲房子已被订购,刺激他对甲房子更强的占有欲,最后很轻松地就让顾客高高兴兴地买下了甲房子。此例旨在说明如果顺着不行,可以逆着试试看,而绝不是让销售员给顾客设圈套。

让需求从"一个"变"多个"

取得大量客户信息是不够的,关键是要利用这些信息,为各种客户创造个性化的服务。

——Ken,robb,迪克超级市场营销总监

作为一名销售员,在顾客购买完你的一件产品后,你所需要做的并不是急着送客,而是和顾客多聊一会,了解一下顾客是否还有其他的需求,这样

可以做好附加销售。

所谓附加销售，就是在顾客原有需要的基础上向顾客介绍一些附带的商品。例如，顾客购买了你的西服，你可以介绍给他衬衣、领带，甚至是领带夹。一些女顾客在逛商场的时候并没有很明显的购物目的，但是如果你和她多聊一会，她们其他需求可能就会出来了，即使她这次不买，但是当她需要类似产品的时候，就可能首先会想到你的专柜。如果她购买了你的产品，你又把适合她的产品介绍给她，让她得到了实惠，那么你就会多一位忠实顾客，同时也提高了你的销售业绩。

附加销售其实有两个含义：当顾客不一定立即购买时，尝试推荐其他产品，令顾客感兴趣并留下良好的专业服务印象；当顾客完成购物后，尝试推荐相关产品，引导顾客消费。

营销界有这样一个有趣的故事：

一个小伙子刚做上百货公司的导购员，一天，老板问他说："你今天做了几单买卖？"

"1单。"小伙子回答说。

"只有1单？"老板很生气："你卖了多少钱？"

"3 000 000元。"年轻人回答道。

"你怎么卖到那么多钱的？"老板目瞪口呆。

"是这样的，"小伙子说，"一个男士进来买东西，我先卖给他一个小号的鱼钩，然后中号的鱼钩，最后大号的鱼钩。接着，我卖给他小号的鱼线，中号的鱼线，最后是大号的鱼线。我问他上哪儿钓鱼，他说海边。我建议他买条船，所以我带他到卖船的专柜，卖给他长20英尺有两个发动机的纵帆船。然后他说他的大众牌汽车可能拖不动这么大的船。我于是带他去汽车销售区，卖给他一辆丰田新款豪华型'巡洋舰'。"

老板几乎难以置信地问道："一个客人仅仅来买个鱼钩，你就能卖给他这么多东西？""不是的，"小伙子回答道，"他是来给他老婆买卫生巾的。我就说'你的周末算是毁了，干吗不去钓鱼呢？'"

当我们已经成功地说服了顾客，顾客也决定购买我们的产品时，如果我们还能劝说顾客购买其他商品，就有可能提高我们的销售业绩。但是，如果不恰当的劝说又会导致顾客反感,甚至他会取消原有的购买计划。那么,我们在劝说顾客购买其他产品的时候,怎么做才不会引致他们的反感呢?

我们在给顾客提出购买建议时,首先要把握一个原则:要让顾客认为你的建议是善意的,而不是意图继续推销或是强硬推销。我们可以从三个方面入手。

首先,站在顾客的立场上思考,力求为其增值。

提出建议前,首先要站在顾客的立场上去思考,不要为了销售而去销售。在提出建议之前,我们要问自己,如果我是顾客我会不会需要这件商品?同时还要问自己,顾客买了这件商品会不会为他增值?比如,顾客买了一件颜色和款式都很单调的上衣,如果再配上一条丝巾或者其他饰品就能取得很好的效果,花不多的钱就可以改变服装的风格,这时候就需要勇敢地提出建议。

其次,在提建议前,用正面及支持性的话语开头。

比如说:"这件上衣款式很好,稍加一些配饰就可以感觉有多种变化了。"这样可以让顾客感觉到你是在为他考虑。

最后,提出建议,观察顾客的反应。

在你提出建议时要轻描淡写,同时要观察顾客的反应。如果顾客没有任何回应,就不要追着不放,不然会让顾客觉得你是在做下一轮的推销;如果顾客表示出兴趣,你才可以进行继续推销。

 ## 充分调动顾客的想象力

感觉听起来抽象,却是征服客户的强心针。

——乔·吉拉德

在向客户介绍你的产品时,是否能够充分调动顾客的想象力是非常重要的。如果能让顾客自己来亲身体验一下那就更好了,因为这样做给他们的印象更深,使他们的理解也更透彻。

怎样才能够激发客户的想象，让他们产生拥有这种产品之后的美妙感受呢？可以有两种方式：第一种是让客户亲自体验一下；另一种方法就是通过语言，用你的语言为客户勾画出拥有这种产品后的情景，让他们体验一下拥有这种产品之后的美好感觉。

当然，在你说这些话的时候，你要尽可能压低声音，减慢语速。另外要保持充分的信心，让他们感到你在这个方面是最权威的。

这样他们就会相信你所讲的每一句话。

例如，你要是销售跑步机的话，你可以这样说：

"当你早上起床，穿上运动鞋和休闲装，打开窗户，深吸一口清新的空气，明媚的阳光照在身上，你踏上跑步机，轻松舒畅地开始跑步，你的速度由慢到快，当你有些轻微出汗时它会提醒你时间到了，然后你开始洗浴，梳洗整齐，穿上刚刚熨烫过的职业装，信心百倍、神清气爽地走出家门，开始一天的工作。"

这种方法也可以用来介绍产品的功能，例如你是销售打印机的，你可以目光温和地直视着你的客户，缓缓地说：

"如果家里有这样一台多功能打印机，会给你带来无穷的乐趣和便利。客户打电话过来需要发传真，不必去找传真机，你只需轻轻按下接收传真的按键就可以；如果你需要把一些重要的图片放在电脑里，不用去找扫描仪，只需把图片放好，按一下扫描的按键，资料就会输入你的电脑；如果你需要的资料很多，也不必到外面去复印，自己就可以做。另外，你还可以利用它制作自己喜欢的各种照片，照片形象逼真，会让你爱不释手。"

又如你是销售磁疗寝具的销售员，你可以让客户先舒服地躺在你的产品上，然后再缓缓地告诉他：

"我们每个人的时间都非常宝贵，即使身体有些不适，也很难有时间去看医生，但是疾病就是这样日积月累造成的。如果突然有一天您跌倒在路上，那将是一家人的不幸，而我们的磁疗寝具不需要您刻意去使用，不会占用您的时间，也不会占用您家里的空间，只要您把它铺在床上，每天在上面睡觉就可以了。"

相信客户听了你生动形象的描述，大多都会动心的。这种绘声绘色的描述其实比干巴巴的介绍要管用许多倍，因为这样可以让他们体会到拥有这个东西之后的幸福、快乐。做到了这一点，你也就成功了一半。

所以说，在销售的过程中，通过出示一定的实物，再说一些能够调动顾客想象力的专业语言，就能够让顾客在事实的基础上，发挥自己的想象力，从而对商品产生认同感。

人的想象力是惊人的，对于同一个事物，不同的人会有不同的看法。因此，这就要求销售人员能够用自己的专业语言为顾客的想象力铺平道路，并限制或发展客户的想象空间，这就像制造一个固定的空间、固定的路径，去引导顾客朝着自己设定的方向想象，从而达到销售的目的。

唤起顾客的好奇心

> 如果你能吸引住顾客的感官，你就能掌握住顾客的感情了。
>
> ——乔·吉拉德

在实际推销工作中，销售员可以先唤起顾客的好奇心，引起顾客的注意和兴趣，然后从中道出所推销商品的利益，迅速转入面谈阶段。

唤起好奇心的具体办法可以灵活多样，但应尽量做到得心应手，运用自如。

一位人寿保险代理商一接近准顾客便问："五公斤软木，您打算给多少钱？"顾客回答说："我不需要什么软木。"代理商又问："如果您坐在一艘正在下沉的小船上，您愿意花多少钱呢？"通过令人好奇的对话，人寿保险代理商阐明了这样一种思想，即人们必须在实际需要出现之前就投人寿保险。

某销售员手拿一只大信封步入顾客的办公室，进门就说："关于贵公司上月所失去的250位顾客，我这里有一份小小的备忘录。"这自然会引起顾客的注意和兴趣。

某大百货商店老板曾多次拒绝接见一位服饰销售员，原因是该店多年来一直经营另一家公司的服饰品，老板认为没有理由改变这种固有的合作关系。后来这位服饰销售员在一次推销访问时，首先递给商店老板一张便笺，上面写着："你能否给我十分钟就一个经营问题提一点建议？"这张便条引起老板的好奇，销售员被请进门来。销售员拿出一种新式领带给老板看，并要求老板为这种产品报一个公道的价格。老板仔细地检查了每一件产品，然后作出了认真地答复。销售员也进行了一番讲解。眼看十分钟时间快到了，销售员拎起皮包要走。然而老板要再看看那些领带，并且按照销售员自己所报价格订购了一大批货，这个价格略低于老合作伙伴所报价格。

在应用好奇接近法时，销售员还必须根据具体情况来设计具体的接近方法。此外，还应该注意下述问题：

无论利用语言、动作还是其他方式引起顾客的好奇心理，都应该与推销活动有关。如果顾客发现销售员的接近把戏与推销活动完全无关，很可能立即转移注意力并失去兴趣，无法进入面谈。

无论利用何种办法引起顾客的好奇心理，必须真正做到出奇制胜。在某个人看来新奇的事物，在他人看来并不一定新奇，如果销售员自以为奇，就会弄巧成拙，增加接近的难度。

无论利用何种手段引起顾客的好奇心理，都应该合情合理，奇妙而不荒诞。销售员应该向顾客展示各种新闻、奇遇、奇才、奇志、奇谈、奇货等合乎客观规律的新奇事物来唤起顾客的好奇心，达到接近顾客的目的，而不应该凭空捏造违背客观事实的奇谈怪论来诱惑顾客。

借助危机事件，适时提出解决方案

> 对于强者来说，困难愈多成就愈大，对具体的推销这个职业来说，在大的机构推销可以获得更大的成功。
>
> ——克莱门特·斯通

在实际推销工作中，销售员的一句话、一个动作都可能令人震惊，引起

第3章 步步攻心巧诱导，牵着对方鼻子走——攻心口才训练

顾客的注意和兴趣。

有一位人寿保险销售员利用一项统计资料接近顾客："据官方最近公布的人口统计资料，目前有一件值得人们关切的事实：90%以上的夫妇，都是丈夫先妻子而逝。因此，你是否打算就这一事实早作适当安排呢？最安全可靠的办法当然是尽快投人寿保险。"这里所引用的事实十分令人震惊，非经销售员的特别提示，常人一般不予以关注，尤其是身强力壮的年轻夫妇，即使知道这一事实，若不经人提醒，也不会意识到问题的严重性。有些人虽然知道问题的严重性，却不知如何是好。如果销售员利用顾客震惊后的恐慌心理，适时提出解决方案，往往会收到良好的效果。

某书刊销售员对一位女顾客说："你一定希望获得永久的幸福吧？那么你必须有才，必须买书。据有关资料统计，去年某地离婚案件中有一半纯属第三者插足引起，受害者全是女子，而插足于他人家庭的第三者也都是尊敬的女士们，统计结果表明这些第三者一般都比较有'才'。"这位销售员打破"女子无才便是德"的封建道德观念，说明"女子无才便是祸"的深刻道理，深深地震撼着女士们的心。然后利用"女子有才是福"的爱情观推销有关幸福的书刊。事实上，既然"才"具有永久的魅力，那么书不就象征着永久的爱情和幸福吗？当然，销售员应该宣传科学的人生观，宣传新道德观。

震惊接近法给销售员提供了一个有力法宝，使销售员有可能击溃某些顾客的心理防线，顺利地接近顾客，一般来说，在使用震惊接近法时，还应注意下述问题：

无论利用有关客观事实、统计分析资料还是其他手段来震撼顾客，都应该与该项推销活动有关。如果为了震惊而震惊，可能会转移顾客的注意和兴趣，甚至引起顾客的反感，无法达到接近顾客的目的。例如，汽车销售员对顾客说："这辆卡车能让您一年之内多赚几万元。"而轮胎销售员则说："去年高速公路上发生多起汽车事故，30%的肇事原因是爆胎。"

无论运用何种手段去震惊顾客，都必须先使自己震惊，才能一鸣惊人。有些顾客见多识广，有些顾客孤陋寡闻，有些顾客思想敏锐，有些顾客反应迟钝，有些顾客麻木不仁，有些顾客固执己见，等等。而且一般顾客都对销售员持怀疑或防卫的心理态度，轻易不流露动心之意。所以说："撼山易，

撼顾客心难。"因此，销售员要认真进行接近准备，分析顾客个性心理特征，设计适当的接近方法，确保所用办法绝对成功，真正做到触目惊心，达到震惊顾客、接近顾客的目的。

无论运用何种手段去震惊顾客，都应该适可而止，令人震惊而不恐惧。在现实生活中，存在着许许多多足以令人惊心动魄的事实，销售员应该实事求是，揭示现实问题，启迪人们思考，而不可过分恐吓顾客，以免引起顾客的反感和厌恶。销售员可以引证有关事实，但不可滥用顾客避讳的某些语言和行为；销售员可以引起顾客痛苦的思索和悔悟，但不能给顾客造成思索和悔悟的痛苦，如果销售员过分惊吓顾客，即使是在讲真话，也可能适得其反。一旦顾客被吓得心惊肉跳，就会失去理智，从而可能拒绝思考，拒绝销售员的说教。

无论运用何种手段去震惊顾客，都必须讲究科学，尊重客观事实。切不可为了震惊顾客夸大事实真相，更不应信口开河。

列举知名的客户壮大声势

真正的广告不在于制作一则广告，而在于让媒体讨论你的品牌而达成广告。

——菲利普·科特勒

人们的购买行为常常受到其他人的影响，销售员若能把握客户这层心理，好好地利用，一定会收到很好的效果。

针对客户的行业列举出一些比较知名的典型客户，以此强化客户的兴趣和信任。例如："我们公司曾经为杉杉集团、罗蒙集团、金利来等数十家服装企业提供过零售管理培训，使他们大大提升了业绩。"

"李厂长，××公司的张总采纳了我们的建议后，公司的营业状况大有起色。"

说知名的典型客户，可以壮自己的声势，特别是，如果你举的例子，正好是客户所景仰或与其性质相同的企业时，效果就更会显著。这样的业务介绍无疑是非常具有说服力的。假设没有特别知名的企业，则可以采用数字化或者类比的方法来达成同样的效果。

小李给一位公司老总打电话，老总说不需要小李的推广，可是小李在网上根据老总提供的关键词却搜不到这家公司，于是经过一番搜索，小李发现该公司的一个同行企业在三大门户上面全做了推广，于是，当小李再次给老总打电话的时候，没有跟他提推广，而是问："××公司是你们同行是吗？他们……"一番说话完对方马上就特关注地问："哦，是吗？他们做了呀？那像他们那样做一下要多少钱？"我还没说，他就主动问起价钱了。然后，小李就根据他们的情况做了个推广推荐，一个单子就签下来了。

 ## 讲一个深入人心的故事

在已经饱和的市场上，通过产品和功能推介一段情感经历，往往能起决定性的作用。

——克罗贝尔·里尔教授

讲故事可以引发共鸣，可以激发兴趣，显得平易，更能深入人心。用讲故事的方法来介绍自己的产品，与客户沟通，就能够收到很好的效果。

一客户来到海尔冰箱的柜台前，对海尔的销售人员说："你们的质量有保障吗？"这时销售员倒没有就质量本身说那么多，只是讲起海尔的总裁张瑞敏上任时砸冰箱的故事，一个故事立刻令人对海尔冰箱的质量刮目相看。

像乔·吉拉德、甘道夫、原一平、柴田和子都是讲故事的大师。原一平每次在推广保险的时候，都会讲一个因没有买保险发生意外和死亡的悲痛故事，他的真情感动得客户流下了泪水，这时他便说道："我真的不希望这样的故事发生在我遇到的任何一个人身上，我有责任去帮助他们，我出售的不是保单，我出售的是爱和保障。"就因为原一平讲故事真挚，一次又一次地打动了客户，从而帮助他成交了一个又一个的保单，让他成为了受人尊敬的推销大师，被誉为"推销之神"。

所以，不管你今天卖何种产品，你一定要收集那些能令新客户产生共鸣、激发需要的故事。任何商品都有自己有趣的话题：它的发明、生产过程、产品带给客户的好处等等。销售人员可以挑选生动、有趣的部分，把它们串成动人的故事，以此作为销售的有效方法。所以销售大师保罗·梅耶说："用这种方法，你就能迎合客户、吸引客户的注意，使客户产生信心和兴趣，进而毫无困难地达到销售的目的。"

练口才　做销售

读懂顾客的心理是需要技巧的。我们日常生活中通常采用的方法包括以下5种，如能照此去做，你就能清楚地看到顾客到底在想些什么，他们到底有什么样的需求。

1. 专业的顾客调查

例如购买某种产品（或服务项目）的顾客大都是些什么人（或社会团体、企业），他们希望从中得到哪方面的满足和需求（如效用、心理满足、技术、价格、交货期、安全感等），现时哪些产品（或服务项目）能够或者为什么能够较好地满足他们某些方面的需要等。通过顾客的调查，可以了解商品需求总量和需求构成，以及对产品的花色、品种、价格等的具体要求，可以了解一种新产品是否受到消费者欢迎，有多大市场容量，有无发展前途。

2. 亲自进行客户访谈

顾客需求不是思考出来的，而是听出来的，听顾客的心声，亲自去找顾客访谈。通过访谈，可以了解客户产品知识、业务知识、客户内部信息、客户存在的问题与困惑、客户的需求与期望，甚至通过访谈向客户要答案。通过访谈，也可以建立客户关系，积累客户资源。在访谈的过程中目标一定要明确，获取的信息才有价值。访谈的过程是了解顾客需求的过程，也是开发潜在消费者的过程，一定要重视对顾客的访谈，并在访谈的最后真心地感谢顾客的参与。

3. 观察顾客的行为

人的任何行为表现都与内心活动有关，反映着内心活动的一个侧面。顾客也是这样，营销人员可以从顾客的行为中，发现许多反映顾客内心购买活动的信息。顾客的心理非常微妙地体现在顾客的言行举止中，服务员在观察那些有声的语言的同时，还要注意通过顾客的行为、动作、仪态等无声的语言来揣度顾客细微的心理。

4. 倾听顾客的声音尤其是抱怨

如果一味地去表述自己的观点，可能就会引起争论或者马上使顾客忘掉你所说的话。优秀的销售人员要善于掌握这种人性弱点，让顾客畅所欲言，从倾听中了解到顾客的购买需求。不论顾客是称赞、说明、抱怨、驳斥，还是警告、责难、辱骂，都要仔细倾听，并适当有所反应，以表示关心和重视。

5. 了解消费心理学

准确把握消费者的心理活动，是准确理解消费行为的前提。包括：消费者的心理活动过程、消费者的个性心理特征、消费者购买过程中的心理活动、影响消费者行为的心理因素等。一般而言，不同性别、不同年龄的消费心理是不同的。了解消费心理，可以有效地进行销售，以心理作为突破口，抓住了消费者的心理，你就打开了消费者的钱袋。

第4章
卖点重磅推，征服客户心
——产品推介口才训练

别墅、名车、高尔夫会员证等高档次的商品，是地位与身份的象征，你应该在"地位与身份"上大做文章；汽车、音响、录像机、旅行、空调设备，是人们追求舒适和欢乐所必需的，你就要不遗余力地向客户强调它们的使用效果及卖点所在；对于微波炉、复印机、全自动洗衣机、电脑等商品，你应该在功能和经济性上给对方以"利诱"；而对于钢琴、大型音响设备、昂贵的化妆品、珠宝等"奢侈品"，你便可以抓住客户的虚荣心进行渲染。强调你的产品，有侧重地加以说明，便会恰到好处地吸引住你的客户。

要想成为一个优秀的销售员，你需要准确地找到产品的卖点，并把卖点讲给客户听。即产品对于客户有什么作用，能带来哪些好处。当你掌握了解说卖点秘诀，推销就不再是难事。

先确定你的卖点是什么

> 人们买的不是东西,而是他们的期望。
> ——物德·莱维特,营销大师

要把一个旧式斧子推销给美国总统布什,这是一件很难的事。但美国商学院的一位学生却做到了。这位学生向布什总统发出了一封信:"尊敬的布什总统,祝贺您成为美国的新一任总统。我非常热爱您,也很热爱您的家乡。我曾经到过您的家乡,参观过您的庄园,那里美丽的风景给我留下了难忘的印象。但是我发现庄园里的一些树上有很多粗大的枯树枝,我建议您把这些枯树枝砍掉,不要让它们影响庄园里美丽的风景。现在市场上所卖的那些斧子都是轻便型的,不太适合您,正好我有一把祖传的旧式斧子,非常适合您使用,而我只收您15美金,希望它能够帮助您。"布什看到这封信以后,立刻让秘书给这位学生寄去15美金。于是,一次几乎不可能的推销实现了。

乔·吉拉德说:"每一次我准备好要推销自己时,我会先问,这次推销的目的是什么?我是想哄不会做菜的女儿,试试她妈妈的食谱,帮我煮一顿我最喜欢的晚餐——充满西西里风味的意大利面?还是我想说服外国车厂的业务总经理,汽车的销售策略应全球一致,同时我长期销售美国车的经验并不会成为工作障碍?或者我想说服船舶经销商,他的船只销售人员可以从5小时的乔·吉拉德课程中和汽车销售员获益一样多,又或者我只想让街坊的报童认定我是他最好的客户,以免他骑车飞驰而过时丢得失去准头?"

"有了清楚的目标之后,接下来我会问自己,我该做些什么以达成目的?如果我一直强调我在美国车销售方面的成绩,而不谈我要怎么卖外国车,绝对不可能说服外国车厂的业务总经理。他感兴趣的不是我的过去,而是他的未来,我能为他做些什么。那才是我要推销的。"

第4章 卖点重磅推，征服客户心——产品推介口才训练

"如果我想让船舶经销商的业务人员来参加我的训练课程，我就得强调我的销售策略而不是如何卖车。试验过的销售技巧才是我真正要推销的。最近我替一位船只销售员授课，他是班上八十九位汽车销售员之外唯一的一位船只销售员。课程结束后，所有的汽车销售员都有了进步，这位船只销售员也有进步。由此可见，即使贩卖完全不同的产品，他也可以有效地运用相同的法则。"

如果你想要成功地推销自己，先要确定你的卖点是什么！

 ## 详细生动地描述产品细节

> 我们的目的是销售，否则便不是做广告。
> ——罗斯·乐夫

内容和中心意思都一样，但由于所用的语言不同，产生的效果就可能大不相同。销售员要把商品的好处引申，并做详细、生动的描述，让客户觉得亲切，易于接受。

通常情况下，销售员如果只是反复强调商品的一种优点，未必能发挥太大的作用。因为不管什么商品，它的价值只有在使用之后才能得以证明，所以使用前的说明，其说服力往往不会太大，而真正高明的做法应当是主动向客户说明购买某种商品会带来的各种好处。对这些好处详细、生动、准确地描述，才是引导客户购买商品的关键。

比如说："这种传真机目前的传真速度只需12秒了。"这样的性能说明很难让人感受到有什么直接的效果。若换一种说法："使用这种传真机，每传送1张，在市内可以节省××元的费用，在市外则可以节省××元。"这样说来，使人一听就知道："噢，原来有这样的作用。"

一般来说，说明购买某一商品会带来的益处时，应该围绕客户的需要，并站在他的立场来考虑："如果是我，为什么要买这个东西呢？"朝着这个

方向去思考，才能深入了解到客户所要达到的目标，也就能抓住所要说明的要点。

一位客户走进一家电器行，她想买台冰箱，但拿不定主意该买哪种。于是她向销售员询问："我该买大一点的好呢，还是小一点的？"这时，过来一位很有经验的销售员，告诉她说："这台大的比较好一些，夏天你不仅可以为每一个家人准备好冷毛巾，甚至还可以将您先生的家居服装放到里面，使他度过一个凉爽的夏天。相信您和您的家人都会为此感到高兴。"于是，那位客户点头作出决定："是啊，那我就买这一台了。"体会一下这位销售员的说法，是不是您也会觉得不太容易拒绝呢？通过上面的例子，可以看出：成功的销售员总是善于运用易于被客户接受的说法，引起客户的购买欲望，从而使自己的商品销售出去。

多介绍产品效用，少分析产品构造

> 营销并不是以精明的方式兜售自己的产品或服务，而是一门真正创造顾客价值的艺术。
>
> ——Kotldr,营销大师

没有人会为了表芯结构的细微、精密而买表，人们并不在乎手表的内部构造，而只关心准确的时间。

准客户不在意产品的专业知识，只在意产品给他们带来的效益。

大多数的销售员都认为自己是在推销一件商品或一项服务。实物固然最能说明价值，可高明的销售员推销的通常都是一种观念或一种感觉。以保险为例，人们所买的并不只是一纸保单，他们要买的是心灵的平安、财产上的安全感和有保障的收入。这些都是准客户的观念，而保险只不过是一个工具罢了。

不要销售钻孔机，要推销它们所钻出来的弧度完美、平整的钻孔；不要销售汽车，要推销名气与地位或者是驾驶的平稳感觉；不要销售保险，要推销安全，免于悲剧发生、财务安定的家庭；不要销售眼镜，要推销更清晰的视野和造型的优美；不要推销吸尘器，要推销舒适、整洁；不要推销锅具，要推销简单操作的家务和食物的营养。

乔·吉拉德给销售员的建议是：在准客户的眼里，他所能了解的就是产品本身的好处，销售员要推销的也正是产品带来的好处。

有一次，一家超级市场破了金氏世界纪录，因为它一年的营业额竟然可以超过一亿美金。只是一家超级市场，一年为何会有一亿美金的营收？

老板说："我们并不是在卖食物，我们卖的是快乐，我们公司唯一的宗旨就是：让顾客快乐。所以，我们在超市里摆了很多迪斯尼游乐器材，播放非常轻松的音乐，所有的布置是为了让顾客进来后，感到非常快乐。我们卖的产品是快乐，而不是食物。"

你要不断地思考，你到底卖的是什么。

如果你能够了解这一点，你的业绩必会有大幅度的成长；如果你还是无法了解这一点，你势必会天天碰壁而业绩糟糕。

喜欢你推销的东西，传递你的热情和真诚

> 热情是世界上最有价值的也是最具有感染力的一种情感，无论什么时候，自己如果充满热情，和你交谈的人在无形之中也会被感染，从而愿意和你交谈；如果你表现得不够热情，那么你推销时所讲的话如同在喜庆节日的餐桌吃到了发馊的饭菜一样，毫无新鲜感，甚至让人讨厌。
>
> ——弗兰克·贝特格

你要百分之一万地相信你的产品能够带给顾客好处，你要坚信购买绝对是他的幸运，不买绝对是他的损失。

假如你不相信自己的产品,你就根本无法热情地去销售,你就没有办法做到最好,当然没办法赚钱。连你自己都不相信的产品,别人能购买吗?

销售员推销的第一步就是要选择自己喜欢又感兴趣的产品来推销。一种产品,销售员若是不喜欢,他就不会花时间、下力气去了解、研究产品的性能。在这种情况下,销售员即使说得天花乱坠,也会漏洞百出。一旦被客户看出破绽,客户就会有一种受欺骗的感觉,对产品的兴趣全无,也就谈不上购买了。由此可见,销售员一定要选自己感兴趣的产品来进行推销,因为只有对产品有了兴趣、了解、研究,并相信它的价值,销售员才会建立对产品的自信,才会赢得用户的信任。

相信你的产品是销售的第一步。只有百分之百地熟悉和了解你所销售的产品,只有完全地了解其功能与作用,你才能明白它会给客户带来什么利益和好处,然后满怀信心地向他们推销你的产品。

"我可以销售任何东西给任何人,在任何时间"。当你保持这种信念,并付出大量的行动时,你一定会取得很好的结果。

推销你喜欢的东西,喜欢你推销的东西。当你喜欢某种事物时,你会对此有信心,当你向人们谈论你所喜欢的事物时,他们会听你讲,会感觉到你的热情和真诚,会更加相信你。当人们信任你时,他们自然就会与你做生意。

始终相信你就是最好的,没有人可与你媲美:谈到你推销的东西时,焕发出光芒,点燃起火焰。同时,不要揭竞争对手的短,理解你的竞争对手也是很能干的,但没有像你那么能干;理解他们的产品也是不错的,但绝没有你所提供的产品那么棒。

抓住产品的利益点,不断地渲染和提到它

不要强行推销。不是卖顾客喜欢的东西,而是卖对顾客有益的东西。

——松下幸之助

抓住你产品的特性，渲染它们，不断提到它们。诚实地、真心地相信这些特性，在面谈中赞美它们，直到它成为你推销中的核心要点为止。

曾经有一位房产销售员带着一对夫妻去看一幢房子。当这对夫妇进入院子时，他们发现了房子的后院有一棵非常漂亮的樱桃树。用心的销售员注意到太太非常兴奋地对她的丈夫说："你看，这院里的那棵樱桃树真漂亮！"

当他们走进客厅时，他们显然对客厅陈旧的地板有些不太满意。这时，销售员就对他们说："是啊，这间客厅的地板的确是不太新，但你们知道吗？这栋房子最大的优点就是，当你们从这间客厅向窗外望去，可以看到那棵漂亮的樱桃树！"

他们走进厨房，太太又抱怨厨房的设备过于陈旧，销售员接着又说："是啊，但是当你在这里做晚餐的时候，你可以在这里看到那棵非常美丽的樱桃树！"

不论这对夫妇指出这栋房子有什么缺点，这个销售员都一直重复地说："是啊，这栋房子是算不上很完美，但您二位知道吗？这房子有一个优点是其他房子所没有的，那就是不论您从哪个房间向外望，都可以看到那棵特别美丽的樱桃树！"

当然，最后的结果是，这对夫妇花了50万元买下了那棵"樱桃树"。

在销售过程中，销售员所销售的每种产品以及所遇到的每一个客户，都有一棵"樱桃树"。销售员最重要的工作就是，在最短的时间内，找出樱桃树在哪儿，然后将客户注意力完全吸引在这棵樱桃树上。

"客户最关心的利益点在哪里？"是每位销售员关心的重点。找出了客户关心的利益点，你的推销工作就有如拥一定航线的船只，可以坚定而有动力地前行。

想想看，A、B两家银行的利率水准是一样的。你为什么把钱存在A银行而不存在B银行呢？为什么你喜欢到某家饭店吃饭，而这家饭店又不一定是最便宜、最卫生的？有些东西也许你事先也没想到要购买，但是一旦你决定购买时，总是有一些理由支持你去做这件事。

每当你接触一个新的客户时,你应该尽快地找出在那些最重要的购买诱因当中,这位客户最关心的利益点是什么。

依据80/20法则,我们的产品所具有的优点有可能是10项,而真正能够打动客户的可能只有其中的1项或几项。所以我们必须花费80%以上的时间详细地解说这一项或几项优点,让客户完全地接受或相信。

每一位客户在购买产品时,都有一个最重要的购买诱因,同时也有一个最重要的抗拒点。只要能够找出这两点,你的成交率就会大幅度地提升了。

顶尖的销售员最主要的工作就是,找出客户购买此种产品的主要诱因,以及客户不购买这种产品最主要的抗拒点。

 ## 优先考虑客户的利益

假如一生当中,你买过一次我的汽车,我就会让你一辈子无法忘记我。

——乔·吉拉德

相信你的产品,在向别人推销产品之前,你必须百分之百地先把自己说服。否则,你就无法去打动别人。不管你伪装得如何巧妙,人们迟早会把你看穿。

当销售员坚信自己的产品很有价值,并且向客户提供这些产品时,说服力就会展现。世界上顶级的销售员都是在尽力向他们的客户提供好处,而不是急于拿到大笔佣金。要是让金钱成了你主要的驱动力时,那你就很少能成功。客户能够从销售员的眼睛里读懂金钱的欲望,这种欲望的确在某些人的脸上或多或少地表现出来,但你必须优先考虑客户的利益,把自己的利益排在其次。

把赚钱的念头抛在脑后吧!当你留心守候,找到满意的客户时,大笔的佣金自然而然就会落入你的口袋。

第4章 卖点重磅推，征服客户心——产品推介口才训练

你如果推销的是富康汽车，你一定要坚信它物超所值，可能富康汽车比不上本田、奥迪，但你要尽力让客户的每一分钱都花得值。若不能相信这一点，你根本就推销不了富康汽车。

此外，不管你推销什么产品，你都应当先购买一个。曾经有一位寿险销售员想卖给乔·吉拉德50万美元的保险单。乔·吉拉德就问他买了多少。"嗯，我投了25 000美元的保，乔。"他压低了嗓音回答。自那以后，不管他说些什么，乔·吉拉德再也不会相信他。几个星期之后，乔·吉拉德对另一位寿险销售员提出同样的问题，他充满自信地告诉乔·吉拉德，他买了100万美元的保险。因为他的话很有说服力，乔·吉拉德决定从他手上买下一份大额保险。

想象一下，当你走进一家高级男士服装店的时候，接待你的营业员却穿着一身极差的便宜货！或者发现化妆品柜台后面的女人根本就未施粉黛！或者遇上一家健美中心的销售员要你购买终身会员证，而他自己却体态臃肿！面对这些情况你会相信他推销的东西吗？

 ## 产品接近法，让产品自己来说话

> 为了赚钱而鼓励顾客多买商品，那你只是一个沿街叫卖的小贩，为顾客的利益而宣传商品，那你已是一个推销的行家。
> ——齐格·齐格勒

让产品先接近顾客，让产品作无声的介绍，让产品默默地推销自己，这是产品接近法的最大优点。例如，服装和珠宝饰物销售员可以一言不发地把商品送到顾客的手中，顾客自然会看货物，一旦顾客发生兴趣，开口讲话了，接近的目的便达到了。

有位儿童用品销售员介绍他采用产品接近法推销一种新型铝制轻便婴儿车的前后经过，非常有趣。他说："我走进一家商场的商品部，发现这是

我所见过的百货商店里最大的一个营业部，经营规模可观，各类童车一应俱全。我在一本工商业名录里找到商场负责人的名字，当我向女销售员打听负责人的工作地点时，进一步核实了他的尊姓大名，女销售员说他在后面办公室里，于是我来到后面，一跨进那间小小的办公室，他就问：'喂，有何贵干？'我不动声色地把轻便婴儿车递给他。他又说：'什么价钱？'我就把一份内容详细的价目表放在他的面前，他说：'送60辆来，全要蓝色的。'我问他：'您不想听听产品介绍吗？'他回答说：'这件产品和价目表已经告诉了我所需要了解的全部情况，这正是我所喜欢的购买方式。请随时再来，和您做生意，实在痛快！'"

这个推销故事形象生动地指出产品接近法的特点：只需把产品交给顾客，自己却可一言不发。

从推销心理学角度讲，产品接近法符合顾客认识和购买商品的心理过程。一般说来，人们在决定购买之前总希望彻底了解商品及其各种特征，包括产品的用途、性能、造型、颜色、味道、手感等等。有些顾客还喜欢亲手触摸和检查产品，甚至动手试试，或者干脆拆开看个究竟。产品接近法正是利用了一般消费者的上述心理。产品接近法给顾客提供一个亲手摆弄产品的机会，充分调动顾客的积极性，发挥其视觉、嗅觉、听觉、味觉、肤觉的功能，直接引起顾客的注意和兴趣。只要顾客笑口一开，面谈立即开始。现代心理学认为，操弄或操作是人类的基本动机之一。既然人们喜欢操弄产品，销售员何不让他们开开眼界操作操作呢？既然顾客跃跃欲试，何不让他一试呢？在利用产品接近法接近顾客时，销售员就是要让顾客先睹为快，先闻为快，先摸为快，满足其操弄和探求的心理。一旦顾客之心大快，销售也就接近大功告成。

不过，采用产品接近法也受到一定的限制。一般说来，在采用产品接近法时，销售员应注意下述问题：

产品本身必须具有一定的吸引力，能够引起顾客的注意和兴趣，这样才能达到接近顾客的目的。在顾客看来毫无特色、毫无魅力的一般商品，不宜单独使用产品接近法。

产品本身必须精美轻巧，便于销售员访问携带，也便于顾客操弄。笨重的庞然大物、不便携带的产品不宜使用产品接近法。例如重型机床销售员、房地产销售员、推土机销售员就不好利用产品接近法。但是,销售员可以利用产品模型、产品图片等作为媒介接近顾客。

推销品必须是有形的实物产品,可以直接作用于顾客的感官。看不见摸不着的无形产品或劳务不能使用产品接近法。理发、洗澡、人寿保险、旅游服务、电影入场券等都无法利用产品接近法。

产品本身必须质地优良,经得起顾客反复接触,不易损坏或变质。看不见摸不着的商品不宜使用产品接近法。另外,销售员应准备一些专用的接近产品,平时注意多加保养,以免在顾客操弄时出毛病,影响推销效果。

尽管产品接近法具有一些缺点,但只要使用得当,仍是比较有效的接近方法。如果配合其他方法使用产品接近法,在顾客操弄产品时加上一两句妙语,则收效更佳。例如,当一位年轻的女顾客试穿时装时,销售员适时称赞一句:"小姐,美极了!"其实,更美的一定是销售员诚挚热情的笑脸!

利益接近法,让产品的实惠看得见

> 我总是站在顾客的角度看待即将推出的产品或服务,因为我就是顾客。我就像一个厨师,喜欢品尝食物。如果不好吃,我就不要它。
>
> ——查尔斯·斯瓦布

所谓利益接近法,也叫实惠接近法或消费者接近法,亦即利用商品的实惠引起顾客的注意和兴趣,进而转入面谈的接近方法,利益接近法的媒介是商品本身的实惠。利益接近法的主要方式是直接陈述或提问,告诉顾客购买推销品的好处。语言不一定要有惊人之处,却必须引起顾客对商品利益的注意和兴趣,才能达到接近的目的。

下面举三个实例:

一位保险公司代理人在接近顾客时，首先递给顾客一张特制的２００元支票副本，然后问道："您希望退休后每月收到这样的一张支票吗？"顾客承认非常希望如此，并要求告知详情。

一位冰淇淋推销商走进某冷饮店，见面就问经理："您希望使您所出售的冰淇淋每千克单位减少４角钱成本吗？"那位经理表示愿意知道其中的道理，推销商告诉说用他所推销的那种材料自制冰淇淋就可以达到目的。

一位文具销售员见到文具店的老板就说："本厂出品的各类练习本比其他同类产品便宜一半。"这话一出口就使推销工作成功了一半。

从推销心理学角度讲，利益接近符合顾客的求利心理。一般来说，人们总希望从购买活动中获得一定的利益，包括在一定程度上增加收入、减少成本、提高效益、发点小财。到目前为止，经济节省仍是人们所遵循的一个购买原则，利益接近法正是利用了人们所遵循的这一原则，它首先使顾客被商品所能提供的一定利益紧紧扣住心弦，使顾客欲罢不能，只好接近销售员，这也是其他接近方法所无法收到的效果。在实际推销工作中，普通顾客很难在销售员接近时立即认识到购买推销品的利益，同时为了掩饰求利心理，他们也不愿主动向销售员打听这方面的情况，往往装出不屑一顾的高贵神情。如果销售员在接近顾客时立即提示商品利益，一语道破天机，可以使商品的内在功效外在化，使商品的推销重点突出来，这有助于顾客对推销品的认识迅速达到接近的目的。

在使用利益接近法时，应该注意下述问题：

商品利益必须符合实际，不可浮夸；商品利益必须可以验证，才能取信于顾客。销售员必须为商品利益找到可靠的证据，例如财务分析或用户反映情况的资料，以及有关实际数据和处理对比的资料等。即使销售员对商品利益有十足的把握，也必须拿出证据来，并且要帮助顾客真正受益。因此，销售员平时应注意搜集整理有关证明材料，包括各种技术性能鉴定书、经济效益鉴定书等文件，以便接近和商谈时使用。

在推销的过程中给予说明

> 不是广告让品牌年轻,而是新产品。
>
> ——Kapterer,法国经济学家

很多销售员对自己所销售的商品,缺乏或干脆没有应具备的知识。当顾客前来购物时,无法为顾客提供一个满意的说明。

推销说明就是把商品的性能、功用介绍给顾客,使其对新产品有一个完整的认识,这就要求销售员掌握各种专业知识。

"说明"是为"说服"服务的,要到达成功的彼岸,对商品的说明必须合理。实事求是是合理说明的首要条件。

有一对正准备结婚的恋人,来到电器集团公司的展销部购买电冰箱。这小两口,围着××牌电冰箱转了好久,男的正准备掏钱付款的时候,女方突然改变了主意:

"我看,我们还是去买日本东芝冰箱吧!"

"怎么你又变卦了,原来不是说好的吗?"

"我看这种国产冰箱质量不保险,不如日本的好。不过是多花千把块钱就是了。"

这时候,站在一旁接待他们的售货员,眼看到手的生意没了,悔恨自己方才那么耐心地给他们解说都白搭了,于是心里一急一气,便脱口而出:

"得了,得了,你早说不买,就别问这问那。日本的好,你们又有钱,去日本买好了,干嘛上这儿来?"

这两口子给这么一激,转身就想走。这时候,门市部主任微笑地走了过来:

"两位请留步。我有几句话要对两位说。"

两口子不由自主地又转过身子,气鼓鼓的样子。

"真对不起，方才我们的售货员说话没有礼貌，冲撞了二位。这都怪我这个主任，平时教育不严，我向二位赔礼道歉。"

这两口子听他这么说，才平息了怒气。

"至于买不买我们的冰箱都没有关系，只是有一件事要向二位讨教一下。"

听到"讨教"两字，小两口真的认真起来了。

"方才这位小姐说，我们的冰箱质量有问题，是否可以具体说明一下，也便于我们改进工作。"

小姐冷不防被主任这么一问，一时不知如何作答，迟疑了一会，才吞吞吐吐地说："我也是听人说，东芝的冰箱好。"她指着冰箱背后的散热管，继续说："这些弯弯曲曲的管子都露在外面，也不好看。"

主任听她这么说，心中明白了几分。

"小姐，这完全是误会。当然，东芝电器历史久、牌子老，有许多优点。但是，我们国产冰箱近些年来也有很大的进步，你们方才看的这种冰箱，正在走向国际市场。"

小两口将信将疑，主任接着说："我们的冰箱，经过周密的计算，将散热管暴露在空气中，散热的速度可提高一倍。由于热量散得快，所以冰箱内部制冷的速度快，达到提高效率、节约电能的目的。实验结果表明，与同等容积的密封式相比，我们耗电量仅是它们的1/3。如果一天省半度电，小姐请你算一下，一年省多少电费？"

主任换了口气继续正面进攻："至于说到美观，这是不必要的顾虑。因为散热管在冰箱背后，紧靠墙壁或在墙角之间，对于正面观看，毫无影响，请两位放心。"

这位小姐竟无话可说。这时主任发动连攻："我看这样好了，你们若信得过我的话，下午我派车给你们送去。喏，这是单据，请到那边取发票和保修单。"

店员在向顾客进行商品说明的时候，还必须注意有条理，使人听了信服，不然的话，说起话来语无伦次，那就没有人愿意听我们介绍了。

另外，一种商品或服务，其本身具有众多的优点和特性，如果我们不看对象，一股脑儿地将这些特点和特征加以罗列、一一介绍，不但会白白浪费许多时间，顾客也会由于我们的"狂轰滥炸"而弄得头昏眼花、不得要领。在介绍时，我们应根据商品或服务的特点，转换成对顾客的益处，依客户之不同而进行重点不同的说明。这便是我们所说的合理地介绍最重要的一条。

由此可见，一个销售人员不论人品有多么好、多么有口才，但如果没有知识，不能向顾客有效地说明商品或服务，就不算一个优秀的销售员，因为他们的重要职责之一就是解决顾客对商品存在着的疑难。

 ## 让客户自己做比较

> 卖给一个客户他自己想要的东西，比让他买你的东西容易很多。
>
> ——美国企业家

推销中，只要会运用对比，让客户高兴地购买你的产品，那就是你的成功。

在推销产品时，很多销售员都曾运用过对比的方法。比如一个寿险销售员去一家农户推销寿险，而该农户说他们已经买了保险，并且告诉你是财产险。你接下来怎样推销自己的寿险呢？很简单，你把两种险做对比，找出财产险没有涉及而寿险有的益处，进而让客户感到原来寿险比财产险更有利于人身和财产的安全。

首先，你可以说"您自己比较一下"。

一个销售员向一个肥胖的女士推销苗条霜产品。这个销售员费尽了脑力向客户介绍产品好处，都难以说服这位女士购买。

销售员灵机一动，对这位女士说："小姐，这样吧，我们俩一起好好分析一下，我也不希望卖给你无用的产品。"销售员从自己公文包里掏出了两张白纸和两支笔，"小姐，给你一张白纸和一支笔，请你写下买此类产品给您带来哪些痛苦,而我呢,就写出您买了此产品后,能给您带来哪些幸福,看看给你带去的好处和缺点各有哪些,行吗?"这位女士觉得这个游戏很有趣,便答应下来。

胖女士写了买苗条霜会给她带来的痛苦。而销售人员把自己写出来的优点让她看,比如,你写的是拥有苗条霜,您就会拥有苗条的身材,进而一定会有个好的工作,自然也会有好的报酬。这样一系列的"幸福"写出来,胖女士很高兴地购买了苗条霜。

其次,你可以说"您对比一下它的利弊"。

成功学家卡耐基一生致力于成人教育,有一段时间他在纽约某家酒店租用了一个大厅来进行一系列的讲座,每一季度大概要用20个晚上。

有一次,他突然接到酒楼经理的一张通知,告诉他必须付出高于原来3倍的租金,否则就要收回他的使用权。卡耐基接到这个通知时,入场券都已经印好,并且发出去了,而且所有的通告都已经公布了。

人们当然不愿意多给别人多加一些租金的,即使自己再怎么有钱,也会对这种要求强烈抗议并且会感到愤怒。卡耐基同样如此,但是他冷静下来想一想,想出了一个应付的方法。

几天后,卡耐基去见了酒店经理。

"收到您的来信,我感到十分吃惊。因为价钱是之前都谈好了的。""不过,我理解您的做法,如果换成我,我也会发出这样的通知的。每个人都希望增加自己的收入,您作为酒店的经理,有责任增加酒店的收入。如果您坚持要增加租金,请您容许我分析一下您可能得到的利与弊吧!"

卡耐基拿出一张白纸,中间划出一条线,一边写着"利",一边写着"弊"。他在"利"这边这样写道:"将大厅改作舞会将会有更多的租金拿,因为这类活动,会比讲座获得更高收入。如果把我占用的20个晚上去租给别人开舞会,当然比我付给您的租金更高,这一点是毫无疑问的!"

在"弊"的一边,卡耐基写到:不租给我,会给您带去两个坏处:

其一,您不但不能从我这里获得租金,反而会使您的收入大大减少。事实上,您将一点收入也得不到。当然,您可以从别人那里获得租金来弥补。

其二,另一个坏处就是我这些课程吸引了不少受过教育而且水准颇高的

第4章 卖点重磅推，征服客户心——产品推介口才训练

人士来您的酒楼，这对于您来说是一个很好的宣传，您难道不认为这些上层人士来光顾您的酒楼是一件更加有意义的事情吗？如果我不在这里授课，就会使您的酒楼失去很多的上层顾客！作为一个经理，固然要为酒楼的收入做考虑，但是更要有长远的眼光。

写完以后，他就把纸条递给了酒店经理，说道：

"希望您能够考虑一下这其中的利与弊，做好决定以后您可以随时告诉我。"

第二天，卡耐基就收到了信函，告诉他，因为最近物价上涨，租金上涨50%，而不是之前的3倍。

卡耐基运用了对比原理，向酒店经理列出了租金上涨3倍的利与弊，获得了成功。

销售人员也可以利用此方法推销，如果客户说出其他商品的名称，那么销售员就可以向客户说明自己产品的优点，与对方作比较，这样更加有说服力；如果客户说出商品的缺点，销售员就可以说出商品的其他优点，这样优缺点进行比较，会让客户觉得购买此商品还是物有所值的。

练口才　做销售

一般来讲，产品的性能特征就是指产品的具体情况，如产品的功能特点和具体构成，而产品的益处指的是产品对客户的价值，也就是该产品的卖点所在。

当客户说出愿意购买的产品的条件时，销售员要将自己产品的特征和客户的理想产品进行对比，以明确哪些产品特征是符合客户期望的，客户的哪些要求是难以实现的。在进行一番客观的对比后，销售员就能够有针对性地对客户进行劝说。劝说过程应注意以下几点：

1. 突出产品的卖点与优势

销售员可以通过强化产品的卖点与优势对客户发动攻势，如："您提出的产品质量和售后服务要求，我公司都可以满足，一方面，我公司产品的特

点在于……另一方面，我公司还为客户提供各种各样的服务项目，如……"在强化产品优势时，必须要保证自己的产品介绍是实事求是的，并且要表现出沉稳、自信和真诚的态度。

2.弱化那些无法实现的需求

无论销售员多么努力地向客户表明产品的各项优势，可聪明的客户还是会发现，你推销的产品在某些方面还是达不到他们理想的要求。面对这种情形，你要主动出击，以免让客户步步紧逼，使自己处于被动地位。

如果你的产品达不到客户的要求，可以运用以下两个方法来弱化客户的内心落差：

其一，只提差价。这种方法适用于很多种产品的推销，如："只要多付1 000元，您就可以享受到纯粹的夏威夷风情。"

其二，进行贴近生活的比较。这要求销售员对自己的产品要有较为深刻的理解，并且这种理解符合大多数人的生活习惯，如："您只要每周少抽一包烟，那么购买这个产品的钱也就省出来了。"

第5章
说服说到位，拒绝变契机
——说服口才训练

客户拒绝你的推销建议是再正常不过的事，而推销正是从客户拒绝开始的，是一个主动说服顾客从不愿购买到决定购买的过程，所以作为一名合格的销售员，面对顾客的拒绝不能因此感到沮丧，而应从对方的拒绝中搜集信息，找到恰当的说服方法。

世界上没有永远的拒绝

> 赢家是这样一批人,他们能够赢得和说服那些不再相信一切、不再立即购买、不再购买高价产品的客户。他们能在绝境中创造惊人奇迹。
>
> ——阿尔布莱西特·比法尔,德国最大防盗门生产公司经理

刚开始做销售是一件很辛苦的事情。你对行业不熟悉,对顾客消费习惯不了解,所有的一切都需要从零开始。有时候你一天要和十几个甚至几十个潜在顾客交谈,还要忍受对方的抱怨和粗暴的拒绝,然而一个月下来你的收入却没有丝毫的增加。

很多想从事销售工作的人都因为不能忍受开始时的辛苦而转向别的行业。失败后,随之而来的就是抱怨,有的销售员抱怨公司的制度不好,有的抱怨公司的产品不好,还有的抱怨公司没有自己固定的客户群……

要知道,你才是销售员。

世界上没有永远的拒绝,也没有最好的产品。什么样的顾客需要什么样的产品。不要以为你的产品和对手的产品在功能上无法相提并论,无论是产品的价格和适应性、你的服务还是你自己,都能够为顾客找到合适而且合算的理由。

乔·吉拉德说:"销售失败是没有任何借口的,可能有些人会觉得自己不适合做销售,自己天生就不是一块做销售员的料,也有些人总是挑剔公司的产品、产品的定价,其实这些都不是你失败的借口,你失败的唯一原因是你还不够认真,还不够努力。"

被拒绝意味着什么?

为什么会被拒绝?

有些销售员会说:"被拒绝意味着失败,意味着没有奖金、没有提成,意味着产品的质量差定价高等等";而有些销售员会说:"这是我个人的问题,是我不够细心,是我不够耐心,有的时候提不起勇气。是由于我没有合理科学的销售观念造成的,有时候自己没有控制好情绪,有时候服务态度有问题。"

弄清楚拒绝对自己究竟意味着什么就像弄清楚是什么理论在支持你的工作一样重要。

没有带来打击的东西,只有受到打击的人。

你已经接受了很多销售活动的训练,具备了促进销售的能力,而且你在不断学习新的技巧,不断掌握更多的产品知识、服务和销售理念。这些都可以使你为消费者提供更好的服务。然而,你还是会有失败的时候。

被拒绝是不能避免的。所以,在你还没有离开销售这个行业的时候,一定要告诉自己:

没有不被拒绝的销售尖兵,只有不畏拒绝的销售冠军。

销售其实是一种创意式的苦力活,你甚至不能有丝毫的停顿。你不仅需要马不停蹄地面对许许多多的消费者,还需要有充分的准备去面对一次次的拒绝。所以,如果你在内心深处无法迸发出狂热的激情,那么你就无法在消费者面前表现你的自信。

 使客户的拒绝变为接受

> 权威广告,大体上可分三种:其一是请专家出面;其二是利用名人的影响力;其三是消费者主动投寄的信函连同销售观点一起放在广告中的一种手法。
>
> ——川胜久

尽量避免谈论让对方说"不"的问题,而在谈话之初,就要让他说出

"是"。推销时，刚开始说的那几句话是很重要的，例如：

"有人在家吗……我是××汽车公司派来的。今天，我是为了轿车的事情前来拜访的……"

"轿车？对不起，现在手头紧得很，还不到买的时候。"

很显然，对方的答复是"不"。而一旦客户说出"不"后，要使他改为"是"就很困难了。

因此，在拜访客户之前，首先就要准备好让对方说出"是"的话题。

例如，对方一出现在门口，你就递上名片，表明自己的身份，同时说：

"在拜访您之前，我已看过您的车了，这间车库好像刚建没多久嘛……"

只要你说的是事实，对方必然不会否认，而只要对方不否认，自然也就会说"是"了。

就这样，你已顺利得到了对方的第一句"是"。这句话本身，虽然不具有太大意义，但却是左右销售进程的一个关键。

"那您一定知道，有车库比较容易保养车子喽？！"

这样一来，你不就得到第二句"是"了吗？

如果对方真的要拒绝，那不仅仅是口头上的一声"不"，同时，他所有的生理机能(分泌腺、肌肉等)也都会进入拒绝的状态。

然而，一句"是"却会使整个情况为之改观。

所以说，比"如何使对方的拒绝变为接受"更为重要的是，如何不使对方拒绝。

不怕拒绝，引出客户的真心话

成功不是用你一生所取得的地位来衡量的，而是用你克服的障碍来衡量。

——弗兰克·贝特格

虽然客户有时会说得婉转,但真正的想法可能是"我听腻了你那一套说辞,反正我又不打算买,随便敷衍一下,使一下缓兵之计。"在这种情况下,销售员倘若认为目前时机尚未成熟,真的请客户好好考虑一下,日后再来听取佳音,就未免太过"死板"了!要处理这种状况是有点棘手,因为客户会说出这句话,多半是在销售员已经做了相当程度的说明后,就算勉强再运用其他拒绝语言处理,效果也不会很好。

销售员:"可是您先前也说过孩子的教育费用……"

客户:"所以我才说要再考虑一下!"

销售员:"但是……"

客户:"你实在很烦!让我多考虑一下不行吗?"

即使客户先前一直表示赞同,但是面临重要关头却又退缩时,重提此事只会增加客户的厌恶。所以,必须改变一下方式,从另一个角度去引出客户真正的想法,比如说"很想买,但是缴费负担太重",若能让客户说出真心话,就有希望进一步去促成。

所以,销售员要懂得调适自己的心态,要有"被拒绝是当然的事"的心理准备,不能恐惧被拒绝,畏怯不敢开口,要坚强面对客户拒绝,诱出客户的真心话。

 ## 正确应对客户的"不"

不要为失败寻找理由,而要为成功寻找方法。

——马里奥·欧霍文

"是"的关键并不在于顾客一开始如何说,而在于销售员怎样尽自己的努力说服对方把"不"变为"是"。

其实你可以把对方所说的"不"看做一种打招呼的方式,就像"上午好"一样，这种打招呼当然可以从容应对。他说"上午好"，你也回以"上午好"就可以了。但对方所说的是"不"，你当然不可以也来一句"不"，那么到底应该以什么样的方式去应答对方的话呢？或者说，面对"不"的招呼应该从哪些方面去想呢？

下面介绍一下对方说"不"之后的应对方法。

应该把"不"当做一种挑战目标，听到这个字眼，就像有了一个明确的目标，而准备好勇往直前、全力以赴，直到攻克、征服这个目标为止。

应该想象"不"这个字眼悦耳动听，甚至还可以认为这是一种信号，促使你"提起精神"。

听到客户说"不"，你应该积极去思考："他根据什么说'不'呢？"设法尽快找出使他不买的原因。

对方开口说"不"，你应该进一步想："这次商谈有什么地方不够充分呢？"

如果对方说"不"，或许可以认为这是一种提醒，告诉你必须变换一种方式才能行得通。

这一次对方说"不"，就把这次商谈的内容当做资料好好研究，找出商谈的不足，总结经验，认真为下一次商谈的成功作好充分准备。

这样，通过被拒绝而从中不断学习，就可以不断提高自己的能力、完善自己的说话技巧，从而使更多的"不"变为"是"，提高推销的成功率。

化"NO"为"是"

推销一般都从拒绝开始，一个成功的销售员绝不会第一次听到顾客说'不'就放弃进攻，他是起码应该在听4次'不'以后，才可以做稍许退让。

——弗兰克·贝特格

第5章 说服说到位，拒绝变契机——说服口才训练

销售员在谈话之初，尽量避免让客户说"不"的问题。否则销售就有可能变得很糟。要运用心理战术，让顾客主动地说"是"，并且尽可能让他不停地说"是"，这样就会有助于销售的展开，成功的可能性才会更高。当一次谈话开始的时候，如果能够诱导客户说出更多的"是"，销售人员以后的建议或意见，就比较容易获得对方的认同。

在大多数时候，人们喜欢通过争辩来说服一个人。但是，争辩的结果是，任凭你争得面红耳赤，往往只会激怒对方，却不能说服他。

事实上，争辩不是个好办法。要说服对方，首先就是要避免争辩，让对方心甘情愿地说出"是"字。就要在之前提出几个对方肯定的问题，这样在人的惯性思维的作用之下，对方就很容易对原本反对的事情，作出肯定的答复。

某单位原考虑向一家汽车制造厂购买1辆4吨车，后来为了节省开支，又打消了主意，准备购买另一家的2吨小卡车。汽车制造厂得知这一消息后，立刻派出有经验的销售员走访该单位的主管，了解情况并争取说服该单位仍旧购买该厂的产品。这位销售员果然不负众望，马到成功。谈话是这样开始的：

销售员："您需要运输的货物平均重量是多少？"

主管："那很难说，2吨左右吧！"

销售员："有时少，对吗？"

主管："对！"

销售员："究竟需要哪种型号的卡车，一方面要根据货物的数量，另一方面也要看在什么公路上行驶，您说对吗？"

主管："对。不过……"

销售员："假如您在丘陵地区行驶，而且在冬天，这时汽车的机器和本身的压力是不是比平时的情况下要大一些？"

主管："是的。"

销售员："据我所知，您单位在冬天出车比夏天多，是吗？"

主管："是的。我们夏天的生意不太兴隆，而冬天则多得多。"

销售员："那么，您的意思就是这样，您单位的卡车一般情况下运载

货物为2吨，有时会超过2吨，冬天在丘陵地区行驶，汽车就会处于超负荷的状态。"

主管："是的。"

销售员："而这种情况也正是您生意最忙的时候，对吗？"

主管："是的，正好在冬天。"

销售员："在您决定购买多大马力的汽车时，是否应该留有一定的余地比较好呢？"

主管："您的意思是……"

销售员："从长远的观点来说，是什么因素决定一辆车值得买还是不值得买呢？"

主管："那当然要看它能正常使用多长时间。"

销售员："您说得完全正确。现在让我们比较一下。有两辆卡车，一辆马力相当大，从不超载；另一辆总是满负载甚至经常超负荷，您认为哪辆卡车的寿命会长呢？"

主管："当然是马力大的那辆车了！"

销售员："您在决定购买什么样的卡车时，主要看卡车的使用寿命，对吗？"

主管："对，使用寿命和价格都要加以考虑。"

销售员："我这里有些关于这两种卡车的数据资料。通过这些数字您可以看出使用寿命和价格的比例关系。"

主管："让我看看。"（主管埋头于资料中）

销售员："哎，怎么样，您有什么想法？"

主管自己动手进行了核算。这场谈话是这样结尾的：

主管："如果我多花5 000元，我就可以买到一辆多使用3年的汽车。"

销售员："一部车每年可赢利多少？"

主管："少说也有5万～6万吧！"

销售员："多花5 000元，3年赢利10来万，还是值得的，您说是吗？"

主管："是的。"

在上述的例子中，一桩濒于绝境的生意，凭这位销售员的巧舌挽救回来了。这位销售员从客观分析到给出建议，无不体现了自己的专业。顾客一旦觉得你是内行人，就会十分乐意地听取你的建议，你的销售也就完成了。

让客户不停地说"是"，是一种十分有效的手段。它能够使客户在不知不觉中进入你早就计划和安排好的交易之中，从而为你的销售成功增加筹码。

 ## 用6+1提问法让客户说"是"

在你准备向别人推销产品之前，你必须百分之百地先把自己说服。

——乔·吉拉德

心理学上发现，如果销售人员能够连续地问客户6个问题并且让对方回答6个"是"，那么第7个问题或要求提出以后，客户也会很自然地回答"是"。

在国外，许多公司甚至请心理学家专门设计出一连串让客户回答"是"的问题。

下面是一个典型的实例：

销售人员沿街敲门，客户打开了门。

他的第一个问题就是："请问您是这家的主人吗？"一般都会回答"是"。

第二个问题："先生（女士），我们要在这个社区做一项有关健康的调研，相信您对健康问题也是相当关注的吧？"对方也会回答"是"。

第三个问题："请问您相信运动和保健对身体健康的价值吗？"大多数人都会回答"是"。

第四个问题："如果我们在您的家里放一台跑步机，让您试试，您能接受吗？当然是免费的。"因为是"免费"，一般人都不会拒绝。

第五个问题:"请问我可以进来给你介绍一下这台跑步机的使用方法吗?以方便您使用,但是过两个星期,我们会麻烦您在我们的回执单上填上您使用的感觉,我们是想做一下调查,看看我们公司的跑步机使用起来是不是很方便。"

在这种情况下,几乎所有的客户都不会拒绝销售人员进门推销他的产品。

接下来,销售人员会接着问专家们已经设计好了的问题,而客户做的只是不停地点头,到最后,很多客户都会心甘情愿地花上几千元钱买一台跑步机。

这就是利用了"6+1"成交法。在这样的模式之下,销售人员可以顺利地开始介绍产品,并且成功地缔结客户,是一种非常简单又实用的销售技巧。再看看下面的一个案例:

销售员:"请问一下,您是否认同高效的生产是获得利润的最主要的因素?"

客户:"当然了,生产率提高了,利润自然也就上去了。"

销售员:"考虑到目前的市场情况,您是否认为技术改革会有利于生产出符合需求的畅销产品?"

客户:"可以这么说。"

销售员:"以前技术更新对你们产品的生产有帮助吗?"

客户:"当然有帮助。"

销售员:"如果再引进新的机器,可以把你们的产品做得更细更好,那么是否有利于提高贵公司的竞争力呢?"

客户:"那是肯定的。"

销售员:"您确实是一个具有前瞻性的人,刚才已经向您展示了我们的产品,如果您能够按照我们的方法进行试验,并且对实验的结果满意,您愿意为厂里添置一些这样的机器吗?"

客户:"当然可以,但是你们的价钱必须合理才行。"

销售员:"这是我们的价目表,您看还行吗?"

客户:"嗯,倒可以考虑一下。"

销售员："那我再给您介绍一下产品的特点吧！"
客户："可以的。"
销售员："请问您主要看中产品的什么方面？"
……

就这样，销售员把话题首先集中在生产效率上，运用一个又一个的问题让客户给予肯定的回答，让客户认可他的产品的优点，并且使得客户对其价钱方面也认可，最终很有可能会成交。

针对客户说"不"的原因各个击破

没有不被拒绝的销售尖兵，只有不畏拒绝的销售冠军。

——乔·吉拉德

面对纷纭复杂的准客户，当他们说"不"的时候，你是否能观察到"不"背后到底隐藏着一个什么样的拒绝呢？如果能找到他们真正的抗拒点，那么问题就迎刃而解了。

原一平面对不同的客户，细心询问，发现他们"不"背后的内容，让客户真正拒绝的原因水落石出，然后一一击破。

原一平仔细研究过说"不"的几种类型，他们为什么要说"不"，有以下几种情况。

1. 防卫型说"不"

成功后的原一平曾对376名销售人员进行过调查，调查的问题是"在进行销售访问时，你是如何被拒绝的？"根据调查的结果，可以得出以下结论。

客户没有明确拒绝理由的，占70.9%，这说明有7成的客户只是想随便找个借口把销售人员打发走。这种拒绝的实质是拒绝"销售"这一行为本身，我们将其称为防卫型拒绝。其中条件反射式拒绝的为47.2%；没有明显理由，随便找个借口拒绝的为16.9%；以忙为理由拒绝的为6.8%；有明显拒绝理由的为18.7%；其他情况为10.4%。

行为科学理论告诉我们：人类行为的外在表现往往是内在心理活动的结果。按照S.罗伊的观点，人的原始欲望是"追求快乐"，主要表现为不愿受他人约束，而按照自己的意愿行事，对外界的强制反其道而行之。"追求快乐"的心理只有经过接受教育和人生经验的积累后，才会受到限制。对于作为不速之客的销售人员的到来，客户本能的反应是：保护自己，不受他人意志的支配，拒绝销售。这种拒绝常常是不真实的，只要销售人员耐心地对客户进行说服、教育，使其克服心理上的障碍，销售活动就会顺利地进行下去。成功的销售正是从克服这种拒绝开始的。

2. 不信任型说"不"

不信任型拒绝不是拒绝销售行为本身，而是拒绝销售行为的主体——销售人员。人们通常认为，销售的成败取决于产品的优劣程度。这虽然有一定的道理，但不能一概而论。有时往往是同样好的产品，在不同的销售人员身上的销售业绩却大不相同，原因何在？大量的证据表明，在其他因素相同的情况下，客户更愿意从自己信任的销售人员那儿购买。因此，要想成为一个成功的销售人员，必须在如何获得客户的尊重和信任方面多动脑筋，多下工夫。

3. 无需求型说"不"

客户不购买的一个重要原因可能是他们并不真正需要所销售的产品，这种拒绝的实质是对产品的拒绝，而不是对销售人员的拒绝。当然，所谓"不需要"的真实性值得分析，因为有时很难让客户告诉你他需要什么，他自己可能也是一头雾水。销售人员要凭借敏锐的观察力，或通过提出一些问题让客户回答，了解客户的需要之所在，以便设法满足他的需要。

4. 无帮助型说"不"

在客户尚未认识到商品的方便和好处之前，销售人员如果试图去达成交易，得到的回答很可能是"不"。在许多场合，客户是由于没有足够的根据说"是"才说"不"的。因为客户不愿随随便便地贸然购买而被人看做是傻瓜，最初"不"的含义是对我多讲一些，多提供些有价值的信息，好让我有充分的理由放心购买。在这种情况下，客户缺少的不是苦口婆心的劝说，而是诚心实意的帮助。销售人员应该向客户伸出援助之手,帮助客户认识到产品的价值,发现最大的利益,从而下决心去购买。

5. 不急需型说"不"

这是客户利用拖延购买方式进行的一种拒绝。一般而言,当客户提出推迟购买时间时,表明他有一定的购买意愿,但这种意愿尚未达到促使他立即采取购买行动的程度。客户常常想:"我非得要今天买吗?下月再买不是也一样吗?"对付这种拒绝的最好办法是,让客户意识到立即购买带来的利益和延误购买将造成的损失。

 ## 设法让对方多回答"是"

> 推销就是初次遭到客户拒绝之后的坚持不懈。也许你会像我那样,连续几十次、几百次地遭到拒绝。然而,就在这几十次、几百次的拒绝之后,总有一次,客户将同意采纳你的计划。
> ——齐藤竹之助

在对客户进行说服时,最怕对方一开口就说"不",因为这是一个最不容易克服的障碍。

每个人都有自己的观点和立场,人们从潜意识里就不愿意被别人说服。当一个人发现有人试图说服他时,他的第一个反应就是表示反对,好像只有对别人说"不"才能显示自己的存在,才能突出自己的地位和重要。

当一个人说出"不"字后,为了自己的人格尊严,他就不得不坚持到底。事后,他或许觉得自己说出这个"不"字是错误的,可是,他必须考虑到自己的尊严。他所说的每句话,他都必须坚持到底,所以让人在一开始的时候就往肯定的方向上走是非常重要的。

要想成功地对客户进行说服,在刚开始的时候,就要想办法得到很多"是"的回答,唯有如此才能将听者的心理往正面的方向引导。

这里有一个销售员爱力逊亲身经历的故事：

在我负责的推销区域内，住着一位有钱的大企业家。我们公司很想卖给他一批货物，过去有一位销售员花了近10年的时间，却始终没有谈成这笔交易。我接管这一地区后，花了3年时间去兜揽他的生意，同样也没有得到什么结果。

经过13年来不断的访问和会谈后，对方才只买了几台发动机，可是我希望如果这次买卖能够做成，而且对方此前所购买的发动机没有毛病的话，以后他还会买我几百台发动机的。

发动机会不会发生故障？我知道这些发动机是不会有任何故障的。过了些时候，我去拜访他。我原来心里很高兴，可是我似乎是高兴得太早了点儿，那位负责的工程师见到我就说："爱力逊，我们不能再多买你的发动机了。"

我心头一震，就问："什么原因？难道我们的发动机有什么问题吗？"

那位工程师说："你卖给我们的发动机太热，热得我的手都不能放在上面。"

很显然，他是在找借口，就是不想买我们的发动机。只要有一点常识的人都知道：任何运行中的发动机都会发热的，要将手放在正在运行的发动机上根本就是不可能的。

我知道如果跟他争辩，不会有任何好处的，过去就有过这样的情形，现在我想运用让他说出"是"字的办法。

我向那位工程师说："史密斯先生，你所说的我完全同意，如果那发动机发热过高，我希望你就别买了。你当然不希望所需要的发动机的热度超出电工协会所定的标准，是不是？"他完全同意，我获得他第一个"是"字。

我又说："电工协会规定，一架标准的发动机可以较室内温度高出华氏72度，是不是？"

他说："是的，可是你的发动机却比这温度高。"

我没和他争辩，我只问："工厂温度是多少？"

他想了想，说："嗯！大约75度。"

我说："这就是了。工厂温度75度，再加上应有的72度，一共是147度。

如果你把手放进147度的物体上,是不是会把手烫伤?"

他还是说"是"。

我向他提了这样一个建议,说:"史密斯先生,你别用手碰那架发动机,那不就行了!"

他接受了这个建议,说:"我想你说得对。"

我们谈了一阵后,他把秘书叫来,为下个月订了差不多3万元的货物。

爱力逊费了多年的时间,损失了数万元的买卖,最后才知道争辩并不是一个聪明的办法。充分了解对方的想法,设法让对方回答"是,是",才是一套成功地说服办法。

 ## 让客户自己说出产品的满意处

没有什么比让客户凑一脚更有效。

——乔·吉拉德

当客户认为你的产品不够好时,提出了一大堆拒绝购买的原因,这并不意味着你的产品达不到对方的要求。不要去考虑那些拒绝的理由,你可以问问对方什么样的产品可以令其感到满意。如此就能找到了一条通往成功的道路。

约翰在惠普公司担任销售代表,当时惠普才刚刚涉足信息领域。

约翰到一家公司推销,他刚表明身份,那家公司的经理就说:"你不需要在这里浪费时间,我们一直以来都与IBM保持着良好的合作,而且还将继续合作下去。因为除了IBM,我们不相信任何公司的产品。"

约翰:"先生,我想知道,您认为IBM公司的产品最令您感到满意的特点有哪些?"

经理:"那要说起来可就太多了,IBM的产品质量一直都是一流的,其技术在全球也没有几家公司可比。更重要的是,IBM有着多年的良好信誉,它几乎就是权威的标志。"

约翰："如果IBM能够做得更好，您希望他们有哪些改进？"

经理："我希望某些技术上的细节更加完善，我还希望产品的价格能够再降低一些。"

约翰："先生，我要告诉您一个好消息，您的这两个愿望我们都可以满足。我们公司的技术人才同样是世界一流的，因此对于产品的技术和质量水平您都不用担心。同时，正因为我们公司的这项业务刚刚起步，所以操作起来就更加灵活，而且价格更低，我们就是先以低价策略打开市场，赢得一些像您这样的大客户的支持。"

看到自己提出的几项条件惠普基本都能满足，经理当即表示先购进一小批产品试试。

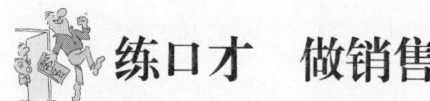

练口才　做销售

业务精英更要明白，与客户交流是每个销售员最基本的素质。原一平为了使与客户的交流畅通无阻，在日常生活中不知练了多少年，甚至一辈子都在塑造这种完美的交际能力。

下面的三种方法都是原一平自己多年的经验。

1. 先肯定对方

原一平说销售员最常遇到的场面就是遭到顾客拒绝。

这时你不妨应用"是的，同时"方法——先有弹性地接受顾客的反对意见，然后说"同时，您觉得这样是否更妥呢？"重新说明自己的主张。这种方法比直接否定更能给对方深刻的印象。愈是优秀的销售员愈善于运用此法。

但是，当你与客户的意见有分歧时，千万不可说"但是，不可能"的话语。因为你是为了推销才接触对方的，你是有目的的；而对方接触你是没有理由的，甚至是一见到你就讨厌的。所以当对方说出与你截然不同的意见时，你也要微笑点头赞同。轮到你阐述意见时，想反驳对方必须要以"同时"做开头。

大家可以相互练习一番,用"同时"比"但是"的语气婉转多了,并且还尊重客户。如果上来就以"但是"开头,客户会觉得你用生硬的语气来否定他,也就不理你了,因为客户根本就没理由和你交流,那么你的业绩就会糟糕了。

在神经语言程式学上,利用"同时"来否定你尊重的客户,使你客户莫名其妙地肯定你,是完全符合每个人的神经程式的。

2. 直接否定顾客的言论

譬如在与顾客刚接触时,顾客常会以"没有钱买""没有闲暇"来打发销售员,那么你可以这样反驳:"这没有关系,我们目前站在顾客立场上,若没有余力的话,可采用分期付款的方式,1个月只需1000元""你说笑话了,有余力的人才会这么说""我只需借用1分钟……""您是否听说过忙里偷闲呢"等。

聆听顾客的意见固然重要,但不可因顾客有反对意见,就丧失信心,而动摇立场和打退堂鼓,必须会婉转地提出自己的看法,这样既尊重了客户,又说出了自己的意思让对方反思。当然,要避免说话时教训意味太重,否则就会破坏愉快的气氛。

的确,引起拒绝或反对的因素一般都取决于客人,但在某种程度上却是因为销售员在销售现场所做的说明无法获得顾客的信赖,也就是说,是销售员销售技巧的问题,这些都应该反省。

3. 不要给对方说"不"的机会

有些销售新手不知道怎样开口说话,好不容易敲开顾客的家门,却硬生生地说出:"请问您对××商品有兴趣吗?有没有购买××商品?"得到的回答显然是一句很简单的"不",然后就搭不上腔了。

成功后的原一平告诉后起之秀用什么方法让对方没有说"不"的机会。

问对方不得不回答"是"的问题,经过多次问答,就可以使客户形成一种"惯性",无形之中,便培养起了对方想答"是"的心理定势。这样为你最终的成交积蓄了力量。

第6章
挡住客户借口，留下生意活口
——应对客户借口口才训练

面对客户的各种借口，有勇气和毅力的销售员会再接再厉，将借口不卑不亢地挡回去，使推销过程顺畅进行。销售是一项极具挑战性的工作，它要求商家要根据市场的变化及消费者心理的变化，不断地对自己的销售策略与沟通技巧进行优化调整。现在的消费者正变得越来越理智，他们不会轻易地掏出自己的钱包，但是如果能够在销售用语上多花费一些心思，有时确实能够起到意想不到的效果，能够将"一盘死棋"彻底盘活。

应对"考虑考虑"的借口

> 把成功的意志注入生命的每一天,不怕失败,不向任何人服输,在屡屡挑战与征服的过程中成就辉煌的人生。
>
> ——原一平

在面对销售人员的推销时,即使是那些确实有需求的客户,也往往会说出"我要考虑考虑""我们不会马上决定""让我想一想"等诸如此类的话。要知道这些话只是一个借口,而不是真正的拒绝理由。销售员只要找出真正的拒绝理由,并有创意地加以解决,就有推销成功的可能。

那么当客户说出:"嗯,这份计划看起来相当不错,我考虑考虑吧。"这时,你应该如何应付呢?

俗话说:"做事要趁热打铁",做推销也是一样的道理。假如客户说"我再考虑考虑"这样的话,销售员应该在此反对意见刚刚萌生之际,就立即想办法进行化解。这时你可以说:

"实在对不起。"

"有什么对不起的呀?"

"请原谅我不大会讲话,一定是我的介绍使您有不明了的地方,不然您不至于说'让我再考虑考虑了'。可不可以把您所顾虑的事情跟我说一说,让我知道一下好吗?"

这样,既显得认真、诚恳,又可以把话头接下去。

销售员也可以直接跟客户这样说:

"您先不要这么想,您先看看这个样品,看看再说吧。本产品的特别之处就是……"

这也是为了进一步激发客户的购买欲,一步一步引导客户购买。可能客户已经从相关资料的介绍中抓住了一些关键疑点，正是这些疑点使客户下不了决心。这时销售员就应该站在客户的角度，从他的利益出发，同客户一道来考虑消除疑虑、解决问题的办法。

比如说，销售员可以用暗示性的方法跟客户讲："这是一个很重要的问题，我们一道来研究好不好？"

或说："的确，正如您所看到的，这就是最重要的地方，而这也恰恰是我要向您推荐的这个产品的独特之处。以前使用的减肥食品都需要配合节食，使人难以忍受，但这种营养素却能够在您实行健美计划的同时，随心所欲地食用，而且不会产生副作用……"

此外，还可以说："对不起，我知道您很忙，可是我没办法每天都来呀。我想您所担心的也许是交付问题吧！若不妨碍您的话，我们还是再仔细谈一谈吧！"

应对"我想到别家再看看"的借口

> 要勇于尝试，之后你就会发现你所能够做到的连自己都惊异。
> ——乔·吉拉德

当销售员刚刚向准客户形象地展示完产品，并把产品的每项优点都解释清楚之后，准客户却说："我想到别家再看看。"这实在是很令人气馁的事。不过在面对这种情况时，优秀的销售员会利用各种技巧，转变客户的看法，当场完成推销。

1. 强调产品的品质

当客户说出"我想到别家再看看"这样的借口时，首先要分辨出他想到别家看的究竟是什么？是价格，是质量，还是服务？只有在弄清楚这一点后才能对症下药。

如果客户是出于价格的因素，就可以这样对他说：

"先生，每个人都希望买到物美价廉的商品，您到别的公司去看，他们的价格可能真的比我们的价格低。但是我可以打包票地说，绝没有第二家能以这个优惠的价格来给您提供这么高质量的商品和优良的售后服务了。"

"我从未发现有任何一家公司可以以最低价格提供最高品质的产品和最好的服务，就好像您肯定不能以吉利汽车的价钱买到宾利那样的产品质量和服务一样。"

在说完这句话后，最好给客户留下足够的反应时间。因为你所说的都是实话，客户几乎没有办法来反驳这个事实。那么接下来，你就可以这样对客户说：

"那么先生，您不认为以这个价格来购买我们的产品和服务，是一笔很划算的交易吗？"

因为你的产品的品质和服务确实符合这样的价格，所以你的客户如果不是故意刁难，应该不会作出否定的回答。然后，你就可以继续问：

"先生，购买商品时肯定要考虑价格因素，但它并不是首要的，有时候多投入一些成本来获得真正想要的优质产品，绝对是值得的，您说是吗？就像有些公司的采购人员只是致力于从供应商那里获得最低的价格，而并不考虑产品本身的质量和以后的服务。我们知道，有时候低价位产品产生的问题往往比它能够解决的问题还要多。而那些资深的采购人员往往会基于他们的经验，更在意获得最高品质的产品，而不是那些低价位的产品。"

"先生，我想您肯定不会为了贪图那一点便宜，而不顾产品质量的好坏和服务的优良与否吧？

2.对客户的要求表示理解

某客户需要一台笔记本电脑，以便生意上的沟通能够更方便、更快捷。他跟销售员通了电话，听了介绍后，他说想到其他地方再问问。

在这种情况下，你就应该设法让客户说出他反对的真正理由。你可以试试以下办法：

销售员："您知道吗，先生？跟您一模一样，很多客户在购买我们的笔记本电脑之前，想再到别的商家比较比较。我肯定您也一样想以手头现有的钱买到最好的笔记本电脑以及最好的售后服务,对吗?"

客户:"那当然是肯定的啦。"

销售员:"您可不可以告诉我,您想看些什么或者比较些什么呢?"

客户:"……"(这时他说的第一和第二句话应该都是反对的真正理由——除非他只是想摆脱你)

销售员:"在您跟别的商家做完这些方面(一个个说出来)的比较之后,如果发现我们的最好,我想您一定会回来跟我购买的,对吗,先生?"(好了,这会儿是让客户说出打算的时候了)

3. 不妨摆出一种高姿态

"不好意思,我只是想试一下,我想到别家再看看。"

"既然您对这种商品的效用有点疑虑,那么我现在就给您比比效果。您看,这是50元的,我们现在来跟这100元的比一下(做演示)。您看这效果是明显不一样。如果您还是不相信的话,也可以再到别家问问,反正我的商品不怕试,也不怕比。即使您到别家去,也会再回来的。"

在这里,销售员就是向客户摆出这样一种高姿态:我们公司的东西不论是质量还是价钱方面都是最棒的,您随便到哪家问,哪家比,最终还是会回我们这里来购买。在实际推销中,这种方法是比较有效果的,客户一听销售员这样说,很可能就不再犹豫了。

 应对"下次再买"的借口

> 如果你想把东西卖给某人,你就应该尽自己的力量去收集他的与你生意有关的情报。
>
> ——乔·吉拉德

在推销中你可能经常会遇到客户这样说:
"请您改天再来吧!我今天不买。"

"我现在不需要，过几天再说吧！"

通常情况下，进行这般推辞的客户都属于下面两种类型的人：

第一种是感觉敏锐，能照顾对方的立场，很讲究礼貌；第二种是优柔寡断，不能给予对方明白的答复。

1. 对付第一种类型客户的方法

这种客户看起来沉静且易于接近，但是事实上，要说服他们得花费相当大的功夫。在经过双方的简短交谈后，如果对方"请你改天再来吧"的意愿仍然未变，那你就要"改变策略"了。

"冒昧地打扰您了，真是抱歉。那么，我就改天再来拜访您吧"。

第一次拜访的时候，吃客户的"闭门羹"是很正常的事。所以，还要再接再厉进行第二次访问，但如果第二次得到的答复仍同第一次一样，那么，这笔生意成功的希望也就大大减少了。

2. 对付第二种类型客户的方法

当这种类型的人推辞的时候，你要虚心地接受对方的意见：

"喔，是这样啊，也难怪，现在物价上涨，谁买东西都要计划一下的"。

如果你接着说："不过……"那么其效果就会大打折扣。遇到这种情形，经验丰富的销售员应该这么说：

"考虑？这是当然的，一台空调几千元，再怎么样，也不能随随便便就决定买。国家相关部门曾经做过一项统计，统计结果表明，在咱们这里76%的家庭都有空调，是相当惊人的"。

"76%"这句话，无形之中将使得客户产生"啊！那我家就包括在剩余的24%里头了"的心理，从而激起客户的购买欲望。

总而言之，在面对客户的这种借口时，一切都要根据实际情况而定，或是"坚持到底"或是"适时告辞"。当然，最"保险"的方法莫过于先将商品的说明书交给客户，过两天之后，再去访问。

应对"现在买太早"的借口

> 并非为了推销而推销,更不是为了钱而推销,我真的成了为意志而推销的销售员了。要以钢铁般的意志履行自己的拜访计划,绝不自我辩解。
>
> ——原一平

在推销中,常能听到这样的反对意见,季节性商品更是首当其冲。季节性商品早点卖出当然好处多多,商品转到客户的仓库,你的提成拿到了,公司钱赚了库存却少了,资金和库房还能派上更好的用场。以下是应对这种借口的两种策略。

1. 诱惑法

可以采取如早订享受优惠价、免费送货、允许推迟付款等形式,或用美好前景予以诱惑。

"现在是投资这项产品千载难逢的时机。今天用这个价格买进,1年后至少有3倍以上的收益。让我们抓住这个大好机会,我建议你买。"总之,你要让他知道此时作决定最为明智,风险最小而获益最多。

2. 惊吓法

利用将来会匮缺的信号让客户心惊胆战,不得不早早订购你的商品。

销售员小李销售镍铬电池,每到圣诞前后,镍铬电池总是供不应求。而由于电池成本问题,多数经销商都情愿等到最后一刻才到处去买这种电池。有一年6月,小李发出去很多宣传单,上面写着:"对不起,孩子们,今年我的镍铬电池又用完了!"后面用粗体大字写着:"与其最后一筹莫展,不如现在就订镍铬电池!"结果,他们公司历史上第一次在6月份就把所有电池卖完了。

应对"产品已过时"的借口

> 不论你推销的是什么东西,如果你每天肯花一点时间来了解顾客,做好准备,铺平道路,那么你就不愁没有自己的顾客。
>
> ——乔·吉拉德

在销售中,有很多客户会用市场不景气来拒绝,而我们却不能让不景气来困扰我们。

1. 预先框式法

这个成交方法最重要的是要灵活运用预先框式的技巧。第一步,你预设他是一位成功者,而一位成功者是不会让市场不景气成为困扰自己或公司的因素;第二步,他作为成功者总是会作出明智的决策;第三步,他作出购买决定才是正确的选择。如:

"很多有财富的人都是在不景气时代建立了他们成功的基业,他们看到了长期的机会而不是短期的挑战,因此他们作出购买决定而成功,当然他们愿意作出决定。先生,今天你有相同的机会,你也会作出相同的决定,对吧?"

2. 讨好法

聪明人透露出一个诀窍:当别人都卖出,成功者购买;当别人都买进,成功者卖出。现在决策需要勇气和智慧,许多很成功的人都在不景气的时候建立了他们成功的基础。通过说购买者聪明、有智慧,是成功人士的料等,讨好客户,使他们得意忘形时掏腰包!

3. 化小法

景气是一个大的宏观环境,是单个人无法改变的,对每个人来说在短时间内还是按部就班,一切"照旧"。将事情淡化,将大事化小来处理,就会减少宏观环境对交易的影响。如:这些日子来有很多人谈到市场不景气,但对我们个人来说，还没有什么大的影响，所以说不会影响您购买××产品的。

4. 例证法

举前人的例子，举成功者的例子，举身边的例子，举一类人的群体共同行为的例子，举流行的例子，举领导的例子，举歌星偶像的例子，让客户向往，产生冲动，马上购买。如：某某先生，××人××时间购买了这种产品，用后感觉怎么样（有什么评价，对他有什么改变）。今天，你要是买了，你用过后一定也会感觉很好的。

应对规避"风险"的借口

> 宁可错付50个人，也不要漏掉一个该付的人。
>
> ——乔·吉拉德

没有人愿意购买风险。在客户心目中，购买风险是由四种主要因素构成的。

第一种就是销售规模。销售规模越大，投入的金额也就越多，所以风险就越大。假如买的是一包口香糖，不满足或满足的风险就微乎其微了。假如一个人是为公司购买一套电脑系统，这样的风险因素就增加了好几十万倍。每当你在销售一件高单价的产品时，你就应该立刻了解购买者所估计的风险有多大。

第二种购买风险的因素是影响购买决定的人数。假如你一个人去一家新餐厅吃饭，风险会很低。因为假如食物和服务不好，你是唯一身受其害的人。这样的经验可能很快就会被忘掉。但是假如你邀请了一群生意客户到一家餐厅去讨论一桩大买卖，风险就相当高了。

几乎每一个复杂的购买决定都会牵涉到很多人，其中包括这项产品或服务的使用者，付钱购买这项服务或产品的人，还有那些信赖这些产品或服务能创造预期成果的人。这样的决策对最后下决定的人是件攸关名誉的事。假如一个人对别人的看法非常在意，单单这项因素就足以让他永远下不了购买决定。

第三种购买风险的因素是产品的使用期限。一个一旦使用之后就要用10年的产品或服务，会造成很大的风险。客户会想："假如这种东西不能用，那我岂不是被套住了吗？"

你一定也有过买错东西而被套牢的经历，因为你已经付了钱，就没有办法再买另外一样东西来替代它。

第四种购买风险的因素是客户对你、你的公司以及你的产品或服务的熟悉指数。每一次的购买，如果是那些从来没有向你购买过产品的人，他们通常都比较紧张。任何一件新的或不同的东西都会让一般客户感到紧张不安。这就是一个新的产品服务或是一个与公司的新的往来关系，都必须延用客户已经熟悉的作业方式去进行展示的原因。

对每一桩买卖而言，如果你想达成交易，就要去克服客户对风险的恐惧。从第一次接触到成交，从运送、安装产品到售后服务，你做的每一件事都要考虑到客户最担心的事情。

你的任务就是去显示你的产品或服务是最安全和最有保障的，而非仅仅是最便宜或最高档的东西。

你的工作就是在销售展示的时候，规避客户购买风险，让客户觉得自己的决定是世界上最保险、最完美、最物有所值的决定。

应对"我很忙"的借口

只要销售员在推销产品时觉得他已经引起了客户的购买欲望，就应该尝试着去争取成交，并且数次尝试，锲而不舍，直到缔结合同为止。

——原一平

第6章　挡住客户借口，留下生意活口——应对客户借口口才训练

当客户用"我现在很忙!"拒绝的时候，销售人员该怎样"应付"呢？

一般而言，"我很忙"只不过是客户的一种借口罢了，或者是他在撒谎。所以，你要迅速而准确地看出究竟是"真忙"还是"假忙"。如果对方是"真忙"，有下列两种应对策略。

1. 和客户"约定时间"

"我看您工作这么繁忙，打扰您还真是不好意思呢。这样吧！就5分钟，请您抽出5分钟听我说几句话，好不好?说完我立即就走。"

真正忙碌的客户，如果你事先和他约好"5分钟"，他也可能愿意抽出这5分钟时间听你说明。否则，"这个人不知道要跟我啰嗦多久"的心理，将使得他犹豫不决。

2. 适时离开

当客户推辞的时候，宁可先说："打扰您真抱歉，那我就改天再来拜访了。"而不要等客户说："我说不要就是不要！"之后才离开。

重要的是，你已经说过"改天再来"，这不仅告诉你自己，更告诉了对方：不久之后，你会再次登门拜访的。"同时，千万要记住，离开时的态度要好，不要令对方感到厌恶。

另外，如果客户说："对不起，我现在有客人，没空……"的时候，你该如何"应付"呢？

有一位保险销售员到一户人家推销业务。"我家的收入只够日常开支，哪有钱买保险呢？"

当客户这么推辞的时候，这位销售员仍然"坚持到底"，不肯罢休。

"我现在没空，孩子都去上班了，我也忙着烧饭，还是请你改天再来吧！"当客户这么说的时候，他也还是"坚持到底"一点也不放松。

结果当然是生意没成又惹人讨厌。

事实上，当销售人员看到对方两手湿漉漉，又侧着身体站立，就该明白对方确实是很忙碌。当客户确实很忙的情况下，销售人员应该适时告退，委婉地留下下次再来的借口。

应对"用过产品并不好"的借口

从客户的批评中发现自己，改造自己。

——原一平

如果客户说：

"以前用过你们的东西，很糟糕。虽然你们说是已经改善了，但你们生产的产品质量我很清楚。"

面对客户的这种借口，有很多销售员往往会反驳说：

"哪有那回事？"

然后又把改善的部分啰哩啰嗦地说了一大套，甚至还会跟客户发生争辩，争得面红耳赤。

之所以出现这种局面，或许是因为销售员听到他的产品或公司被人家说坏话而感到气愤，可是对客户而言，无论他讲些什么反对意见也是绝无恶意的，倘若客户果真存有恶意，又何苦跟销售员进行当面沟通呢？所以既然客户愿意与销售员进行当面沟通，并能够拿起他的商品来瞧瞧，再说些反对意见，这就表示对制造厂商、对销售员、对商品颇有好感，甚至有购买的意向。

我们应该明白的是，客户之所以有反对意见，多半是基于某和误解，由于日积月累的偏见所致，所以你务必寻找出其背后的真正原因来，这样才能够适当地处理。此时你可以试着去征求对方的意见，征求客户意见的方法大概归纳成以下六种：

（1）开放型，"这是怎么回事呢？"要概括地询问。

（2）半开放型，"您说的是关于产品还是售后服务呢？"

（3）肯定型，"关于哪几点非常好呢？"只谈优点。

（4）否定型，"关于哪几点是不理想的？"只谈缺点。

（5）选择型，"您说的是操作、设计、安装方面还是售后服务方面？"让顾客在几个问题中选择。

（6）强制型，"在故障方面您以为如何？"只集中强调某一点。

应对"产品已经买过了"的借口

顾客并不总是正确的，但让顾客正确往往又是值得的。

——乔·吉拉德

当销售员前去上门推销时，很可能会碰到这样的客户，他会先问一下产品的名称和制造厂商，然后说：

"谢谢你，你很辛苦。不过很抱歉，前几天已经买过了。"

或"很对不起，我不能向你买，因为××制造工厂，有我的朋友在那里，不向我的朋友买好像说不过去。"

针对客户的这种借口，很多销售员往往束手无策，最终也只能知难而退，放弃推销。

其实，这种失败只是说明了销售员对于这种相反论调的处理方法缺乏研究。的确，碰到这种"立场坚定不移"的客户，会让人觉得不知如何开口，尤其是对新手来说就更是无所适从。

当遇到客户的这种借口时，千万不能知难而退，而应该试着去确定一下此话是否属实。

"是吗？很好，能够向自己的朋友买再好不过了，你们是认识多年的好朋友吧！"（稍微停顿一下）

这时倘若客户善于应付销售员的话，当然另当别论。但是，一般的客户都会说：

"哦！大概是这样子的吧！好多年了！"或说：

"叫我怎么说呢？"或说：

"你管得太多了!我的朋友与你有什么关系啊!"

在上述情形下,你都可以安心了,因为你知道对方的相反意见无疑是拒绝的托辞。此刻,你可以说:

"这个请您作参考好吗?"

一边拿出产品说明书、图样来给他看,一边操作示范机器,同时劝导客户买下来。

但是万一客户所说的是事实,你就可以据此断定客户是顽固的典型,应付起来也就较为棘手,可以根据那句"我那里有朋友。"表示客户还有购买商品的希望,不妨向他说:"这样啊!您跟××公司的王先生是朋友啊!××电器公司的产品在这一行是数一数二的,信誉卓著(即使是竞争的同行,也不可说它坏话,称赞人家就表示对自己公司的产品有信心)。不过我们公司出的产品也不落后,请您看一看吧!我们这个连接器保证绝不亚于××电器公司的连接器。我知道贵公司一向都在使用高级品,我们这种产品是最合适不过的了。为了求进步,您采用我们公司产品试试,也不会对不起朋友的公司呀!是吧?"

一旦客户说"好吧!那就用一次试试看。"那很可能就大功告成了。但是如果两种商品完全相同,客户一点儿也没有改变心意时,销售员必须想办法游说或做个长期计划,先慢慢成为客户的朋友,再逐步进行推销事宜。

练口才 做销售

销售员正确地看待客户的借口,并将视之为一种财富。如果销售员在遭受挫折时,都能静下心来,认真探究客户心理抗拒的原因,然后针对真正拒绝的原因研究应对话术,则这次的失败将是下次成功推销的基础。客户的借口的心理因素主要有以下几个方面。

1. 以销售员本人的原因为借口

这种拒绝是针对从业人员引起的问题,如人品低劣、不守约定、迟到、人缘不佳、好辩驳、讲歪理、不可信赖、音调高亢等。

2. 出于自身原因的借口

这种拒绝是客户本身的情绪性问题，如事忙心烦、家庭生活不顺、夫妻感情不协调。

3. 以产品或行业为借口

这种拒绝是客户对公司或保险存在观念的认定问题，如对保险特别讨厌，对大公司的锋芒太露、树大招风，以为公司剥削客户利益。

4. 出于经济原因的借口

这种拒绝是客户经济能力的问题，保费是固定的开支，有能力才负担得起。

5. 以商品本身为借口

这种拒绝是商品本身的问题，心目中满意的商品与实际商品不符合。

第7章
认清对象说对话，对症下药好推销
——与不同客户沟通口才训练

不同的客户其消费心理会发生许多微妙的变化，分析这些具体变化，是做好销售工作的重要内容。因为性格、年龄、职业、性别等客观因素的存在，造成了客户需求的差异。老年客户与青年客户所关注的产品特点是不同的，同样男女在消费的态度和方式上也有着显著的区别。聪明的销售员都会"看菜下饭"，对待客户采用不同的推销策略，从而各个击破，成功成交。

难缠型客户，以退为进

> 以做生意来说，有时候三思而行不无好处。
>
> ——霍英东

如果你真的遇到了一个特别难缠的客户，没办法，只能以退为进了，这一招有的时候特别奏效。如果你只是一味蛮进，那么，就会犹如逆水行舟不进反退。

人总会有犯错误的时候，问题是犯错误之后，要懂得随机应变，要有灵敏的反应，以便挽回劣势，反败为胜。

下面是原一平使用"以退为进"的战术的例子。

原一平有一天去烟酒店拜访。

这家烟酒店是前次直接加盟的新客户，不过，投的保额很小。由于已成为客户，而今天是第二次拜访，原一平自然而然比较松懈、随便，以致把原来头上端端正正的帽子都戴歪了。

原一平一边说晚安，一边拉开玻璃门，应声而出的是烟酒店的小老板，虽然是小老板，但年纪已经不小了。

小老板一见原一平，就生气地大叫起来："喂！你这是什么态度，你懂不懂礼貌？歪戴着帽子来拜访你的客户吗？你这个大混蛋。我是信任明治保险，也信任你，真没想到我所信赖公司的员工，竟然那么随便、无礼。你出去吧！我不投你的保了。"

听完这句话，原一平恍然大悟，马上双腿一屈，立刻跪在地上。

"唉！我实在惭愧极了，因为你已经投保，就把你当成自己人，所以太任性随便了，抱歉！"

原一平继续道歉说："我的态度实在太鲁莽了，不过我是带着向亲人的问候来拜访你的,绝没有轻视你的意思,所以请你原谅我好吗?千错万错,都是我的错,我太鲁莽了。"

小老板突然转怒为笑:"喂!不要老跪在地上,站起来吧,站起来吧,其实我大声责骂你,是为你好,我是不会介意的。不过你想如果这个样子拜访别人,别人肯定以为你没诚心。"接着他握住原一平的双手,说:"惭愧!惭愧!我不应该这样对你,咱们是朋友。我也太无礼了。"

两人愈谈愈投机。小老板说:"我向你大发脾气,实在太过分了,我不是投保了5000元吗?我看就增加到3万元好啦!"

销售员随时都要有心理准备,万一碰到类似的情况,要能及时观察准客户的心理反应,扭转颓势,反败为胜。

孤傲型客户,激将应对

> 偶尔用一下激将法,对于攻克个性孤傲的客户十分有效。
> ——原一平

原一平认为面对眼前的客户,如何吸引他的注意力是首选要点。不过在这个阶段,销售员一般都处于被动地位。如果你没有吸引对方注意,那么你讲得再好,也是对牛弹琴。

所以,在恰当的时候应设法刺激一下准客户,引起他的注意,取得谈话的主动而后进行下一步骤。特别对那些比较孤傲的客户,他们总是抱着不搭理你或者根本不正视你的态度,你就可以用语言激将他们。

有一次,原一平去拜访一位个性孤傲的准客户。

由于他性情古怪,尽管原一平已访问了三次,并不断转换话题,他仍然没有一点兴趣。

第三次拜访时,原一平有点沉不住气了,讲话速度快了起来,准客户因为原一平说话太快,所以没听清楚。

他问道："你说什么？"

原一平大声回了一句："你好粗心。"

准保户本来脸对着墙，听了这一句之后，立刻转过来，面对着原一平。

"什么？你说我粗心，那你来拜访我这位粗心的人干什么呢？你可以出去了。"

"别生气，我只不过跟你开个玩笑罢了，千万不能当真啊！"

"我并没有生气，但你竟然骂我是个傻瓜。"

"唉，我怎么敢骂你是傻瓜呢？只因为你一直不理我，所以才跟你开一个玩笑让你轻松一下而已。"

"伶牙俐齿，够缺德的。"这位准保户笑骂道。

"哈哈哈……"

使用激将战术时，一定要半真半假；否则，激将不成反而伤了感情，那时就麻烦了。

对方越冷淡，你就越要以明朗动人的笑声对待他。这样一来，你在气势上就可以占优势，容易压倒对方。此外，"笑"是可以传染的，你的笑声往往会感染对方和你一起笑，那么，余下的事情就好办了。

想得到客户的支持，就要学会冷静地激将。

 ## 多疑型客户，避免争辩

客户不希望一视同仁，他们希望能被个别对待。

——Peppersq rogers

这类客户心理是比较多疑的，可能是因为被人欺骗过。他们对任何事都抱怀疑态度，不仅仅对销售员怀疑，对商品本身以及销售员所说的话都怀疑，并且总认为别人在要计谋，在利用他，欺骗他。

这种人在家庭中、工作中活得比较忧郁，有较多烦恼，并且也令别人讨厌，使别人不愿与他们相处，因此他们很少有朋友。所以他们时常有一副很痛苦的面孔，一见销售员就会把所受的一切烦恼推给销售员。

对付这类客户关键就在于消除他的多疑，以亲切、热诚的态度对他进行推销说明，不要与他争辩，只以沉着的态度与他交谈，尽量作出与他交朋友的姿态，并且要仔细观察他，研究他的心理变化，要随着他的心理变化而改变对他说话的策略，这样成交率才可能大一些。

这类客户也可能会设计对付你，所以对他们要谨慎小心，不要落入他们的网中。

对付这类客户的方法有两种：一是对他施以强硬态度；二是诱饵法。第一种方法就是要对他施加些压力，如果你过于迁就迎合他，一旦一言不合，他就会拂袖而去，所以还是要施加一定压力，迫使他成交。第二种方法就是装作自己什么也不懂，是比较柔和的人，借以松懈他的防备，然后反败为胜。

 ## 虚荣型客户，持之以恒

> 客户不是越多越好，而是越准确越好。
> ——宋新宇博士，管理专家

众多客户中，有的客户文质彬彬、客气礼貌，给推销人员一种"温柔的压力"，这种无形的力量使人感到无缝可入。有的销售员推销产品时，总是被客气地"赶"了出去。下次再拜访，依然碰到"笑面虎"，只好决定放弃这种准客户。

原一平在讨论到这一类客户时分析说：一般销售员在进行推销时，常常会遇到这样的客户，销售员上门访问时，客户会说："来，来，里边坐。喝茶！大冷的天儿，还跑过来，真不容易呀！"客户笑嘻嘻地说道。

当销售员介绍商品的性能、质量时，客户会推辞说："哦！我明白了。

你的口才不错。我们公司很需要这种产品，不过，这会儿财务紧张，真抱歉！耽误你时间了。过段时间我给你打电话吧。"

当销售员讲到优惠条件时，客人会装作惊讶的样子说："这个条件很有吸引力，真想不到会有这么好的条件。唉，可惜我们现在资金周转上有点问题，所以，我们没福用你的好产品，不过，还是谢你了。"

原一平指出，其实这类客户的心理状态大多是希望给人亲切随和的感觉。这些彬彬有礼的客户，喜欢使用"和蔼可亲"的言辞，然而其真实的心态却恰恰相反，大多高傲自大，他们有很强的虚荣心。于是他们不自觉地采取了表现相反而实质不变的方式，表现出自己虽然是个重要人物，却十分和蔼可亲，平易近人，即使是对上门推销的销售员也恭敬有礼。其实这种"和蔼""恭敬"仍然是一种居高临下的"恭敬"。这只是一种形式主义，他们用这种方法变相地把销售员"请"走，而且销售员还以为此人不愧为高级主管人员，平易近人。其实，那只不过是虚伪的"恭敬"。

在很多人看来，销售员为了让客户买东西，自然是吹得天花乱坠，其实却并不可信。所以这种情况的问题就在于这些人总觉得还是不和销售员打交道，小心别上当吃亏为好；最好不要当这种傻瓜，三言两语推辞掉是最安全的方法。

原一平说服这种人的方法一般是，用恒心来打动他们虚伪的心。另一个办法，就是推荐一个威望比客户更高的人做拜访的介绍人，直接来强迫客户。但主要还是与客户的沟通，以融洽气氛，让对方信任你。

 ## 专家型客户，以守为攻

当遭遇专家型客户时，以守为攻地打探客户的内心，以退为进地击破他的第一道防线。

——原一平

第7章　认清对象说对话，对症下药好推销——与不同客户沟通口才训练

现代很多推销行业，客户都多少了解一点，特别是保险。有的人一见到保险销售员就开口道："你别说了，我比你知道得多，保险的险种有很多，比如……"说得也头头是道，弄得销售员不知所措，一头雾水，继而只能扭头便走。

原一平认为，这类客户，自以为很伟大，就像一个上司正在作报告一样，令你毫无对策。当你向他推销产品时，他表现出一种不屑一顾的态度，总以为你懂的都在他的知识范围内；当你转移话题，将说话的内容转到谈一些层次比较高的事情时，他也不感兴趣；反正，他永远都是"专家"，有时还给你提点儿刻薄的问题，让你下不了台。

这种客户的心理有两种情况。

1. 销售员没有什么了不起

总以为对方和自己有很大的差距，因而在内心产生一种优越感。他们自认为是高人一等，对那些他们认为是低一等的人不屑一顾，对保险销售员更是如此。

形成这种心态可能源于非常讨厌的销售员，特别是一些登门拜访的。所以他们以狂妄的态度来对待销售员，觉得销售员层次低。

2. 不要与这些销售员接近

高高在上的人，不容许别人谈论自己的缺点，同时也将自己的弱点深深地隐藏起来。这一类人，假装对某领域很专业，其实可能只是道听途说，以一种高姿态来对待销售员，意思是我是专家，快点走吧！我都明白，不必再介绍了。

人的气质性格与后天因素有很大关系，你所处的环境对你的性格起着很大的作用。像这一类客户害怕自己掉入你的陷阱，怕被强卖于身，所以不敢让你介绍。他们这是在防卫，不得不用某种方式来进行自我保护，但他们同时也希望能引起他人的注意，希望别人给予他很高的评价。

这一类客户，保险销售员很难对付。他们很难与人友好地交谈，更不必与他们开开玩笑、说说俏皮话之类的。但是，如果对他们做一番仔细的研究，你会欣喜地发现，这类客户其实是最好对付的一种，只要你采取了恰当的方式。

"你别说了,我来说,你听……"

"好的,我向您请教了!"

当他说完后,你还要夸赞一番:"哇!你对我们的产品很关注呀!"或"不错,你讲得太对了,你真是专家。"

当客户正陶醉在自大的感觉中时,你可以突然提问题:"××先生,你所知道的还有什么呢?"他可能还知道,让他接着说。当他说:"我不知道了。"这时你就可以发表自己的意见了。

"那好,我站在客观的角度帮你补充几点可以吗?我觉得你对我的产品很感兴趣,应该会听的,你说是吗?"

不让对方回到现实,应继续恭维,让他继续漂在"自高自大"的潮中。

他肯定会回答说:"嗯!说吧!"

这样你就算击破了他的第一道防线。

内向型客户,揣摩体语

> 面对寡言少语的客户,从对方的身体语言中揣摩出他们的真实意图,寻觅客户的真实想法。
>
> ——原一平

少言寡语的客户是不好对付的,因为不管你介绍产品多熟练,多生动,他还是漠不关心,依然不说话。

原一平指出,只有当销售员与客户沟通后,才能够知道他是否购买;而面对那些少言寡语的客户时,你就不那么幸运了。

这个时候你就要从他的身体信号中捕捉你所需要的信息。

有些客户不爱与人说话,虽然寡言少语,但态度倒是蛮不错的,他们主要是不善言辞。对于你的到来以及你的推销,他从始至终都报以微笑,表示欢迎。"相当不错的商品,它会使你在短时期内业绩提升30%~50%,有

第7章 认清对象说对话，对症下药好推销——与不同客户沟通口才训练

兴趣吗？千万要把握住。"这些话在一般情况下都会引来客户的反感，但是他依然不温不火，一脸和气，不见一丝怒色，更没有"要打发你回家"的意思。

这下把你给搞糊涂了：对方到底有没有兴趣呢？说他没诚意吧，他却有那么好的态度，他的表情分明是"有些动心"嘛！可有诚意，为什么他又不开口说话呢？是想"逃避"吗？不会，否则不会在这儿坐这么久，始终和颜悦色地听你讲，那么是你来得不是时候，正碰上客户身体不适，不宜说话？也不像啊，对方明明是一副身体健康、精力旺盛的样子嘛。哦！原来是因为客户内向，不善言辞。

那么到底如何解决这些问题呢？是继续介绍呢？还是扭头就走呢？继续介绍，他依然报以微笑；跟他讲故事、讲笑话，他还是一样。原一平曾经碰到这类难缠的客户，真想把对方一张微笑的脸打花了。

原一平认为，碰到这种客户，首先要从他的形体语言、神态来分析。

抓住他们的心理，从外表观察。如果你是个洞察力很强的销售员，你就可以在时机成熟后，拿出协议书向他展示："你看，××先生，我已经介绍完了，如果你还有不明白的，可以问我。如果你很有兴趣，那么你还犹豫什么呢？"你把笔给他让他签字。

如果客户觉得说是没用的，就只有作出行为。所以他是否有兴趣，只能看他的大笔是否挥了。不签字，说明客户根本没兴趣。

要完成对上述这类客户的促销，关键看你是否能捕捉到对方的真实意图。所谓"知己知彼，百战不殆"，掌握对方的心理动向，是制胜的根本保证。这种洞察力是靠自己培养的。

如何捕捉他的真实意图要讲究方式方法。首先，这类客户几乎都不开口，你不可能从他的话中打探到什么，这样你唯一的方式就是"察言观色"。通过对客户的表情、举动的研究，捕获那些暗藏在他"形体语言"中的信息。原一平"察言观色"的能力特别强，而且捕获的时机很准，这都是自己经验的延伸。所谓"察"，不光看对方的举动，还要将他前前后后的各种反应综合在一起来看，作一个纵向的比较，也就是说，片面地抓住一个小举动，很容易判断错误。例如，这类客户的一些动作给人好感，但切不可因

此就对他下定论，因为他往往表达的是反意。所以说，要多方面考虑各种因素，作一个综合性的判断，准确率才比较高。

忠厚型客户，诚信至上

做人做生意都一样，第一要诀是诚实。诚实就像树木的根，如果没有根，那么树木也就没有生命了。

——原一平

忠厚型客户对待每件事都很认真谨慎，他们不会轻易决定一件事是该做还是不该做。他们对于销售员都有一种本能的防御心理，对于交易也如此，所以这类客户一般都比较犹豫不决，没有主见，不知是否该买，同样，这类客户也不会断然加以拒绝。

这类客户考虑的因素比较多，一般来说销售员很难取得他们的信任，但只要你能够诚恳地对待，他们一旦对你产生了信任，就会把一切都交给你。他们特别忠厚，你对他怎样，他也会对你怎样，甚至会超过你为他们所做的。

这类客户通常情况下很少说话，当你向他们询问问题时，他们只是"嗯""啊"几句应付你。平时听你说话，他们只是点头，总觉得别人说的都对似的，他们一般不会开口拒绝别人。

销售员可以抓住这类客户不会开口拒绝的性格特点促使他购买，只要一次购买对他有利或者觉得你没骗他，他就会一直买你的商品，因为他对你产生信任了。

反之，如果他认为这次你欺骗了他，你的商品即使你有十分好的商品他也不会理睬你，因为他认为你不值得信赖，不值得为你这种人承担一丝一毫的风险。

这类客户还有一种通病，就是有时太腼腆了，所以对他们说话要亲切，尽量消除他们的害羞心理，这样，他们才能静下心来听你销售，交易也才能更顺利。而有过第一次成功圆满的交易后,这类客户对于再一次的销售,只要销售员说上几句话,十拿九稳交易就又成功了,他们绝不会寻找理由拒绝你。

这类客户,大多时候提出理由或是反对意见都会有些犹豫不决,他们会担心说出来伤害到销售员的自尊心。因此,销售员在处理他们不愿购买的理由时,一般是等到他们询问之后再有针对性地予以解决。

因此,对这些客户要尽量亲切一些,不要欺骗他们,这样在保持信誉的同时,也可以增加销售员的直接收益。

自大型客户,巧设台阶

当被人贬低时,要以永不服输的决心告诉自己"我能行"。

——原一平

自大型客户都喜欢夸夸其谈,甚至喜欢吹牛,认为自己什么都懂,别人还没说出观点,他就会打断人家说"我知道"。这种客户一般都非常令人讨厌,但销售员万万不能表露出自己的真实感受,因为对于销售员来说,销售商品、发展同盟才是最终目的。

这些客户常常是在炫耀自己,对销售员总是这样说:"你们这些业务,我都清楚。""我以前见过你们这些销售员,他们一个个都从我这儿逃走了,谁也别想赚我的钱。"好一阵炫耀,让人听了有些反感。

不过,这些客户有一个最大的优点,那就是毫不遮掩,心里有什么就说什么,你如果想探询什么消息,就可以找这些客户,他们一定会炫耀似地说给你听,并且知无不言,言无不尽。但你千万别告诉他们什么内部消息,否则这些内部消息很快就会人尽皆知!对于这类客户即使不能顺利达成交易,也千万别得罪他,也许将来探询消息时你还需要他的帮助。

这些客户时常想在别人面前炫耀自己,表现自己比别人特殊,比别人知道的多。他们难免会由于自己的过分夸张而下不了台,这时,如果你能给他一个台阶下,他们会感激你的,这对于以后你的工作大有益处。

由于这类客户比较善于表现自己,销售员在与他们交谈时,必须尽量显示出自己的专业水平,使他们对你产生敬佩。这样他就会对你产生信任感,并且交易成功率也就很大。

还有一种方法,就是根据他这一种自夸的心理,抓住他说的话,然后攻击他,使他进入你所设的陷阱中,他为了顾全面子,会硬着头皮与你成交的。当他说对你们公司的业务很熟悉,或者他打断了你的销售介绍说明,并且说这些他都知道,也不屑看你带来的商品样品时,你可以这样对他说:

"先生,对于我们的商品,我就不说什么啦,您都知道了嘛!对于它的优点您就更熟悉了,而我们的业务您也是再熟悉不过了,看在这么优秀的商品与服务质量的面子上,您打算选取哪个品种?准备购买多少呢?"

这样一说,由于前面的话是他自己说的,他不能否定,所以为了顾全面子,他就必须考虑与你成交,否则就会感到尴尬。他连一个理由甚至都不能说,否则他就是一个出尔反尔的小人了,而他最不愿意的,就是做一个小人,他甚至自以为是地认为自己非常"君子"。

对于这种客户还有一种特别的销售方法,大致是这样的:你可以让客户觉得你把他看成一个客户的客户。你要表现出对和他成交与否漠不关心的样子,并且不时地对他说:"先生,咱们成交与否,我倒不是十分在意,只是想和您交个朋友。况且,我们公司是一个很专业的公司,对于所服务的客户与产品都是有一定条件的,您不想买,大概就不符合我们公司的条件,所以成不成交无所谓,但是我们相识一场,交个朋友还是应该的。"边说边装出一副不在乎的样子。这样一来,会伤了他的自尊心,于是他为了显示自己的特殊,为了显示自己符合这些条件,会立刻抓住你想与他交个朋友的机会,要你把商品卖给他。

见到这种客户,不要一听他说对你的业务都很熟悉,就胆怯,就不向他说你的专业知识,其实他们只不过是挖空心思在你面前炫耀罢了。他们都是纸老虎,你若怕他们,他们就更凶,就会看不起你,就不可能与你成交了,即使与你成交,他们也觉得那是对你的施舍罢了。

炫富型客户，满足虚荣心

并不是每个人都是你的有效客户。

——乔·吉拉德

炫富型客户与上一类型客户类似，重点并不是夸大自己的知识面广，而是炫耀自己的财富。

这类客户有两种类型：一种是真正拥有一定的财富；另一种则不是，他们只不过崇拜金钱罢了。

第一类客户有钱，但不希望别人奉承他们，他们的主要目标是有个品质好、包装好的名牌商品。所以对这类客户要诚恳地把商品的优点告诉他们，并且对他们的财富怀着一种不在乎的神情。这样客户会对你这种神情产生好奇，然后你在他对你好奇的基础上，加快自己推销的步伐，他与你交易的成功率就增大了。

对于第二种客户，你就必须对他们进行奉承，恭维他们，使他们知道你非常羡慕客户有钱，满足他们的虚荣心。最后为了给他一个台阶下，使他能买你的商品，你就必须再作一些处理说明。你可以这样说："您就先交订金吧！余款以后交，我相信您的付款能力和个人信誉。"这样他会很感激你的。

交易成功后，别忘了说一声："还要请您以后多多关照。"

对于第二种类型的客户，切不可揭露他们的虚伪面具，这样会伤他们的自尊心，使交易产生困难。

冷面型客户，以心交心

> 如果你是懦夫，那你就是自己最大的敌人；如果你是勇士，那你就是自己最好的朋友。
>
> ——弗兰克

冷面型客户都比较精明，并且都拥有一定的知识，文化素质比较高，能够比较冷静地思考，沉着地观察销售员。他们能从销售员的言行举止中发现端倪和问题，他们就像一个有才能的观众在看戏一样，演员稍有一丝错误都逃不过他们的眼睛，这种客户总给销售员一种压迫感。

这种客户讨厌虚伪和造作，他们希望有人能够了解他们，这就是销售员应利用的工具。他们大都很冷漠、严肃，虽然与销售员见面后也寒暄、打招呼，但看起来都冷冰冰的，没有一丝热情，没有一丝春风。

他们对销售员持有一种怀疑的态度。当销售员进行商品介绍说明时，他看起来好像心不在焉，其实他们在认真地听、认真地观察销售员的举动，在推测这些说明的可信度。同时，他们在思考销售员是否真诚、热心，有没有对他说谎，销售员值不值得信任。

这些客户对自己的判断都比较自信，他们一旦确定销售员的可信度后，也就确定了交易的成败。也就是说，销售员给这些客户的不是商品而是销售员自己。如果客户认为你对他真诚，他们可以与你交朋友，会把整个心都给你，交易也就成功了。但如果他们确认你有些造作，他们就会看不起你，会立即打断你，并且下逐客令把你赶走，没有丝毫商量的余地。

这类客户的判断大都正确，即使有的销售员有些胆怯，但很诚恳、热心，他们也会与你成交的。

对付这类客户有两种方法：一是脚踏实地，对其真诚、热心，不但商品品质好，你本身表现也应不卑不亢，温文尔雅，使之无话可说，对你产生信任;二是在某方面与之产生共鸣,使他佩服你,成为知己,因为他们对于朋友都是很慷慨的。具体操作方法就是与他们多谈,特别是多谈一些他们所喜欢的事物,这些都要在洽谈前经过调查,这样他们会认为你与他们有共同的话题,他们就会把你当做知心朋友对待,那交易自然也就成功了。还应当让他们尽量了解你的一些情况,并且告诉他们你的一些隐私,把他们当做朋友看待,这样,他们也会把你当朋友的。

另外,对于这类客户有时也可用严肃的神情与之对阵,但要保持礼貌以及注意分寸,并且大方一点,对于他所要求的,要给予热心的支持。这样他就会认为你比较能干,有才能,会对你产生信赖,这样交易也就成功了。

 ## 心思缜密型客户,谨慎诚恳

> 推销的客体远在产品之外,首先用诚恳的态度推销自己、自己的公司,以及自己出生的国家。
>
> ——原一平

心思缜密型客户不爱说话,但颇有心计,做事非常细心,并且对自己的事都有主见,不为他人的语言所左右,特别是涉及他的利益时更是如此。

他们表面看起来都很冷漠,有一种对一切都不在乎的神情,使人难以与之接近。其实他们的内心都是火热的,你只要能点燃他们内心那把火,他们就会把一切都交给你。

这类客户看起来有种让人觉得冷漠的感觉,他们对于销售员不在乎,对于推销的商品也不重视,甚至销售员在进行商品介绍说明时,他也不说一句话,没有什么表情变化,冷淡淡的,其实他们在用心听,在仔细考虑,只不过不表现在脸上和话语中而是在他的脑子里。

他们往往不提问题则罢,一提就会提出一个很实在、并且很令人头痛的问题。这时销售员不能蒙混过关,因为想要骗他们是绝对不可能的。如果你解决不了他们的问题,他们就会立刻停止与你谈话,因为他们本身就是惜话如金。所以销售员要小心地为他们解决问题,要抓住问题的关键所在。只要解答了他们的问题,他们就会立即要求购买商品,使交易成功。

对付这类客户,千万别运用那些施压、紧逼迫问等销售方法,这样对他们一点用也没有,只会令他们生气,令他们对你产生厌恶心理。也不要盲目地夸耀你的商品,因为他们不会听你的,说了也白说,反而会令他们讨厌,他们会自己看商品样品,你只要作一些介绍说明,再解决一些他们提的问题,交易就成功了。

对这类客户,首先在进行销售说明时,要小心谨慎,说得全面一点,绝不可大意,要表现出你的诚恳,好像是你在问他问题。介绍完之后,他会进行一段时间的思考,这时你要闭嘴,等他抬起头之后,会问你一些问题,这时你再回答。你可以顺便说些商品的优点,使他对商品产生更大的兴趣,这样达成交易的可能性就大了。

这类客户也极易与人交朋友,只要你对他诚恳、真心,他也会用同样的态度来对待你,建立起友谊是没有多大问题的。

 ## 开朗坦率型客户,热心亲近

每个人都愿意与像自己的人交往。

——乔·吉拉德

性格开朗坦率的客户,只要你与他多交谈一会,他就会和你更加亲近,这种客户相对来说容易成交。

这种类型的人做事都给自己留一条后路,并且说话干脆,人们对他们易产生一种信任感。他们做事前就已经想好了怎么做,准备好问什么,回答什么。所以他与销售员交谈就有目的性,这样交易也就顺利多了。

他会很坦率地把自己不购买的理由和对商品的意见说出来,这对于销售员是有利的。他对销售员有一种微弱的抗拒心理,一见销售员就马上说:"我不想买,只是看一看。"其实销售员大可不必理会他,只要商品使他满意,使他喜欢,连他自己都会忘记自己说过这样的话。仔细揣摩,他说这样的话本身就是一种暗示,暗示自己看一看,如果看着好他会考虑购买的。

对付这类客户只要以热心诚恳的亲切态度,多与他交谈,多与他亲近,就会消除双方的隔阂,合作交易也就做成了。

 ## 单纯型客户,维护自尊

> 千万不要急切成交,而是和客户培养关系,了解真实情况。
>
> ——乔·吉拉德

这类客户对任何人都很有礼貌,对任何人都很热心,对任何人都没有偏见,也不存在怀疑的问题。他们对销售员的话总是洗耳恭听,从不插嘴,他们比较拘泥于礼貌,拘泥于各种形式,有时看起来有点痴,但对待这种客户,决不能伤害他们的自尊心。

这类客户对于别人的夸夸其谈或真才实学都比较羡慕,从来也不知道欺骗别人,对于别人的欺骗也不计较,总以为别人欺骗他是不得已的。

但这类客户对于强硬态度或逼迫态度则比较反感,在这方面持有一种逆反心理,你逼他向东,他偏向西,反正会与这些强硬态度的人作对。

他们也不喜欢别人拍马屁奉承他们。他们对于那些彬彬有礼的知识分子特别看重,他敬佩这些人,羡慕他们,并模仿他们。他们对于勤劳的、诚恳的人也特别尊敬。

对于这类客户,抓住他们的心理就比较容易。他们是一批不可多得的客户。他们总会对销售员说一句:"你真了不起。"不要以为他们只是在奉承你,其实他们是真心的,他们佩服有才学的人,佩服勤劳自立的人。

销售员对这类客户不需要费尽心思地去讨他们喜欢,只要表现出自己的热情、真诚就可以把他们吸引住，要诚心以待，对他们要彬彬有礼，并对自己的商品充满自信，还要详细说明商品的优点，这样他们就不会说什么了。

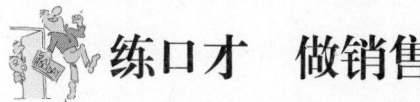练口才　做销售

不同职业的客户具有不同的消费心理与购买习惯。随着现代社会的日趋复杂，人们的分工越来越细，职业对社会生活的影响日益加深，表现在商品选择意向上，职业特征直接影响人们对商品的偏爱与嗜好。因此，作为销售人员，应该准确把握这些不同职业的潜在客户的购买心理，然后才能对不同职业的客户去进行有针对性的说服。

1. 专家

心胸宽广，想法积极，可以并且有意当场突然决定购买，也很清楚交易的实际情况。

2. 企业家

心胸开阔、思想积极，因此，通常当场就能决定购买与否，而且他对交易的实际情形也了如指掌。

你不妨称赞他在事业上的成就，激起他的自负心理，然后，再热诚地为他介绍商品，就比较容易达成交易了。

3. 中层管理者

这类客户头脑精明，面对销售人员，态度有时会显得傲慢而拒人于千里之外，而且完全以自己当时的心情来决定对商品的分析及选择，不喜欢承受外来压力，只希望能安分地做自己分内的事。

虽然他表现出一种自信而专业的态度，但只要你能谦虚地进行商品说明，多半还是能成交的。

4. 政府工作人员

该类客户往往无法自己决断购买，销售人员说明了商品的优点，也不随便相信。因为提防的心理强，想法带有官僚作风，故若不积极进攻即不会买。

最初以稍微保守的介绍施加压力，然后慢慢地逼近，若不多花时间及热情，即不会成功，应该在最后围困的阶段，始终进攻到底。

5. 工程师

工程师一般是比较理性的，很少用感情来支配自己，对任何事都想追根究底，头脑清晰，绝不可能冲动购买。因此，销售人员实在很难去引起他的购买动机。

此时，你唯有衷心赤诚地介绍商品的优点，同时尊重他的权利，才是有效的做法。

6. 医师

他们往往梦想自己是站在黄金舞台上的主角，是具有保守气质的知识分子。

对待这类客户，销售人员应该对他们显示出自己的专业知识。而且，推销时必须保持体面的外表与得体的语言。

7. 公司职员

行为谨慎且疑心重，会经过理智的思索而不会凭一时的冲动做事。会以握有权力者似的态度，多方分析、选择商品。喜欢有系统的事物，讨厌压力。

对于他们，如果一面展示充满自信的专家似的态度，一面展开保守一点的介绍，即能引导他们。

8. 设计师

有用与普通人不同的观点来注视商品的倾向。对于将来的看法，既乐观又悲观。在思考的过程中易动摇，以多少不透明的态度凝视社会。

对于此种人，一定要强调商品所具有的优点，在说明的时候强调商品的效用。

9. 教师

由于工作的关系，善于说话，思想保守，对于任何事情若不理解即不会投入。

销售人员应该对教师这种职业表示敬意，倾听关于其得意门生的话。最好激起其自尊心，展开虽然积极但稍微谨慎的商品介绍。

10. 退休人员

他们只能以有限的收入来维持生活,因此对将来非常担心。他们对于购买,采取保守态度,决定及行动都相当缓慢。

在刚开始时,如果你以刺激的情感速求交易,他一定不会购买,你应先引导他的购买动机。进行商品说明时,你必须恭敬而稳重。

11. 同行

理论上讲,对同行你可以向他们推销任何东西。他们往往雷厉风行,颇有个性,观念清楚,购买时会凭一时的冲动下决断。对事物抱着乐观的看法,随时寻找理想的交易。

如果让他们觉得对于商品内行,即能说服他们。应该表现你佩服他们身为销售人员具有的知识或工作态度。

第8章
把好提问这道关，问对问题看透心
——提问技巧的训练

提问是推销沟通中经常运用的语言表达方法，通过巧妙而适当的提问，可以摸清对方的需要，把握对方的心理状态，透视对方的动机和意向，启发对方思考，鼓励和引导对方讲话；可以准确地表达自己的思想，传递信息，说明感受、疑惑、顾虑、希望等；可以在出现冷场或僵局时，打破沟通中的沉默。提问是推进和促成交易的有效工具，它决定着谈话、辩论或论证的方向。会提问是销售成功的基础。在销售中，只有懂得巧妙地提出问题，才能够把和客户之间的谈话导向自己所希望的那种结果。

探索式提问导入推销主题

> 市场销售中最重要的字就是"问"。
>
> ——博恩·崔西

如何将开场白顺利地导入商业主题,很自然地谈到与销售相关的话题上。销售员必须利用探索的技巧发问,利用开放性问题来发问,好让客户提供足够的信息。这样销售员才能发现客户的真实需要,发现市场空白。

下面是一个销售员与客户的对话:

杰西:"迈克,你穿多大的西装?"杰西打量着迈克的身材。

杰西:"迈克,想必你一定知道,以你的身材想挑一件合身的衣服恐怕不容易,起码衣服的腰围就要做一些修改。请问你所穿的西装都是在哪儿买的?"

杰西强调市面上的成衣很少有买来不修改就适合迈克穿的。他还向迈克询问所穿的西装是在哪一家买的,借此,杰西可以了解到他的竞争对手是谁。

迈克:"近几年来,我穿的西服都是从梅尔公司买的。"

杰西:"梅尔公司的信誉不错。"

杰西从不在客户面前批评竞争对手,他总是说竞争对手的好话或是保持沉默。

迈克:"我很喜欢这家公司。但是,杰西,正像你说的,我实在很难抽出时间挑选适合我穿的衣服。"

杰西:"其实,许多人都有这种烦恼。要挑选一件自己喜欢,适合自己身材的衣服比较难。再说,到处逛商店去挑选衣服也是件累人的事。本公司有3000多种布料和式样供你选择。我会根据你的喜好,挑出几种料子供你选择。"杰西强调,买成衣不如订做好。

杰西:"你穿的衣服都是以什么价钱买的?"

杰西觉得现在该是提价钱的时候了。

迈克:"一般都是400元左右。你卖的西服多少钱?"

杰西:"从200到1000元都有。这其中肯定有所希望的价位。"

杰西说出产品的价位,但只点到为止,没有作进一步说明。

杰西:"我能给客户带来许多方便。客户不出门能就买到所需的衣服。我一年访问客户两次,了解他们有什么需要或困难。客户也可以随时找到我。"

杰西强调他能为客户解决烦恼,带来方便。杰西的客户多是企业的高级主管,他们主要关心的是方便。

杰西:"迈克,你很清楚,现在一般人如果受到良好的服务会受宠若惊,他会认为服务的背后隐藏着其他条件,这真是一件可叹的事。我服务客户很彻底,彻底到使客户不好意思找其他的厂商,而这也是我殷勤服务客户的目的。迈克,你同意我的看法吗?"

杰西强调"服务",因为他相信几乎每一位企业的高级主管都很强调"服务"。所以,杰西在谈话末了以"你同意我的看法吗"这句话来引导迈克的回答,杰西有把握让迈克作出肯定的回答。

迈克:"当然,我同意你的看法。我最喜欢具有良好服务的厂商,但现在这种有良好服务的厂商越来越少了。"

杰西觉得迈克的想法逐渐和自己的一致了。

杰西:"提到服务,本公司有一套很好的服务计划。假如你的衣服有破损、烧坏等情形,你只要打电话,我立即上门服务。"

迈克:"是吗?我有一件海蓝色西装,是几年前买的,我很喜欢,但现在搁在家里一直没有穿。因为近几年我的体重逐年减轻,这套西装穿起来就有点肥。我想把这套西装修改得小一点。"

杰西记住了迈克的话:迈克有一套海蓝色的西装需要修改。

杰西:"迈克,我希望你给我业务上的支持,我将提供你需要的一切服务。我希望在生意上跟你保持长久的往来,永远替你服务。"

迈克:"杰西,什么时候让我看看样品?"迈克看了看手表,向杰西暗示他的时间有限。

迈克想看杰西的样品，杰西虽然准备了很多样品放在包里，但他还不打算拿出来。他想进一步询问以了解迈克的真正需要。在了解迈克的真正需求以后，才是拿出样品的最佳时机。

杰西："你对衣服是否还有其他的偏爱？"杰西想知道迈克对衣服的质量和价格的看法。

迈克："我有许多西装都是梅尔公司出品的，我也很喜欢剑桥出品的西服。"

杰西："剑桥的衣服不错。迈克，以销售员目前的商业地位来说，海蓝色西装很适合你穿。你有几套海蓝色的西装？"

由于迈克没有主动说出他所拥有的西装，杰西只好逐一询问迈克的每一套西装。

迈克："只有一套，就是先前向你提过的那一套。"

杰西："你还有其他西装吗？"

迈克："没有了。"

杰西："我现在拿出一些样品给你看。如果你想到还有没提到的西装，请立即告诉我。"杰西边说边打开公文包，拿出一些样品放在桌上。

杰西一直以发问的方式寻求迈克的真正需要，同时也在发问中表现出了一切为客户着想的热忱，使迈克在不知不觉中做了很好的配合，创造了良好的谈话气氛。杰西向客户提出了许多问题以寻求客户的真正需求，然后才展示商品，进行商品的销售。

 ## 抓住顾客选购商品的重点考虑因素来提问

如果准客户不想见你，试着问问他们是否关起了心灵，不想接受新的想法。

——乔·甘道夫

第8章　把好提问这道关，问对问题看透心——提问技巧的训练

在与顾客的交谈过程中，不要漫无目的地闲聊，越早知道顾客购买商品的时候主要考虑哪些因素，成交的机会越大，但是有些销售员虽然有意识的探询顾客选购产品主要考虑什么，但是方法总是不得当。

比如销售员经常会问："您买东西时最看重质量吗？"这样的询问虽然很有针对性，但是顾客会以为你要推荐贵的商品，容易引起反感。

"您买东西时最看重价格吗？"这样的说法，相当不可取，你这样说，顾客会以为你看不起他，认为他只能买价格比较低的商品。

"您选购商品时重点会考虑哪些因素呢？"这样提问的话，显得问题大而空，顾客不好回答。而这样问出的话，往往也得不到你想要的答案。

在与顾客的交谈过程中，通过询问顾客选购商品时重点考虑哪些因素，可以有效地收集顾客的信息，了解顾客的需求。可以从与顾客的对话中捕捉到其选商品时的关注点，针对顾客的购买心理，推荐符合其需求的商品。

通常情况，顾客在购物时最多考虑的因素有：品牌、质量、款式、颜色和价格。注重点不同，你的推荐点也应该不同。

对于注重品牌的顾客，销售员应该推荐知名度较高、质量较好的品牌商品。

销售员："一般人挑选商品时都会关注品牌、质量、款式、价格和颜色，不知道您最在意哪一项指标呢？"

顾客："品牌。"

销售员："您真有眼光，一看就知道是一个很有品位的人！品牌商品虽然价格高一些，但无论设计、版型还是用料、做工等都有保证，对于有经济实力的人而言，买品牌商品真是省时省力省心啊！我们该品牌的商品……"（简单介绍一下该品牌的特色）

对于注重价格的顾客，销售员应该推荐实用、性价比较高的商品。

销售员："一般人挑选商品时都会关注品牌、质量、款式、价格和颜色，不知道您最在意哪一项指标呢？"

顾客："价格。"

销售员："我非常认同你的观点，买东西最重要的就是自己觉得合适，

选择自己能承受的商品就不用担心超出预算了。我们店有部分中等价位的商品，而且正在搞特价促销活动，价格比原来节省一半以上，千万不可错过，这边请！"

对于注重款式设计的顾客，销售员应该推荐新潮、前卫、有个性的商品。

销售员："一般人挑选商品时都会关注品牌、质量、款式、价格和颜色，不知道您最在意哪一项指标呢？"

顾客："设计。"

销售员："您肯定是一个很有个性的人！因为设计是商品的灵魂，就算是普通的材料，只要设计得好，一样给人与众不同的感觉。这边有几款设计很特别的商品，您一定要看一看，这边请！"

在你精心布好的答案里，总有一项或者几项是顾客关注的。不管他说出哪个关注点，我们都可以有的放矢的介绍我们的产品。

有针对性地提问是推销成功的最大诀窍

在试图销售任何商品之前，先问准客户一些问题，以便了解客户的需要及想法。

——乔·甘道夫

大多数销售员总是喜欢自己说个不停，希望自己主导谈话进程，而且还希望客户能够舒舒服服地坐在那里，被动地聆听，以了解自己的观点。但是，对于销售员来说，最重要的是，要尽可能有针对性地提问。有针对性地提问才是推销成功的最大诀窍。

销售员可以说："先生，在来这里之前，我已经拜读了贵公司的年度报告，这实在使我印象深刻。贵公司的推销收入增加的速度相当快——在过去的5年里，每年的平均增长速度高达44%。依你之见，在未来的5年里，每年

第8章　把好提问这道关，问对问题看透心——提问技巧的训练

仍然能够保持这么高的平均增长速度吗？"

销售员提出这一类问题，客户至少需要花几分钟时间来加以说明，而销售员则可从中获得很多有利于推销的信息，客户也会因为被问到如此重要的问题而感到高兴。

销售员在推销过程中的每个阶段，都应该有针对性地提问。无论哪种形式的推销，为了实现其最终目标，在推销伊始，销售员都需要进行试探性提问，以便客户有积极参与推销或购买过程的机会。

当销售员提出一些与客户相关的问题后，就可以靠着椅背坐着，专心聆听，一点也用不着担心接下去该说什么。但是，如果客户一直说个不停，销售员可能也得想个办法来改变这个局面。不幸的是，许多销售员认为，在初次同客户见面的前10分钟，自己一定要说个不停，才能使客户进入状态。

提出恰当的问题是一种有助于销售员建立及保持与客户良好的人际关系的最佳方法。当客户初次见到销售员时，一般都希望先了解销售员的想法与意见，或者听一些关于销售员所在公司及其产品的详细情况。

 ## 开放式提问深入了解客户的真实目的

> 挑剔的才是好客户，因为他给了你改进质量和服务的机会。
> ——Helzel，美国管理学者

销售员在向客户提出问题的时候，最好避免提客户只用"是"或"否"就能回答的问题，因为这样不能使你获取更多的信息，因此不得不问更多的问题，然而绝大多数客户都不喜欢销售员连珠炮式地发问，他们会被过多问题搞得烦躁不安。

销售员在客户面前要尽量提一些客户需要很多的语言才能解释的问题，这种问题称之为"开放式问题"。而这样的提问方式，需要客户作出大量的解释和说明，比如"您要采购怎样的产品""您为什么要购买"等等，这样

客户就不得不说出更多的想法。如此一来，销售员只需要相对较少的问题就可以了解客户的真实目的。

心理学研究表明，绝大多数人喜欢别人倾听自己的谈话，而非听别人说话，所以销售员要利用简单有效的提问使客户不断地说话，然后仔细倾听，并在此基础上提出更深入的问题，这样就增加了销售成功的可能性。

当然，这种提问方式，也是需要有所节制的，并非越开放越好，否则客户会不知从何说起。所以，在提出启发性的问题时，销售员一定要有所预期，使客户不需要太多的思考就能回答。

开放式提问的目的是为了鼓励客户做出较深入、较详尽的回答。

例如："你是否听说过我们公司？"这个问题的答案只有"是"与"不是"，而"有关我们公司，你了解哪些情况呢？"这个问题就要好得多。

销售人员要想从客户那里获得较多信息，就需要采取开放式提问技巧。使客户对你的问题有所思考，然后告诉你相关的信息。

提出开放式的问题，并且耐心地等待，在客户说话之前不要插话，或者鼓励他们大胆地告诉你有关信息，收效会很明显。人们对于开放式的问法也是乐于接受的。他们能认真思考你的问题，告诉你一些有价值的信息，甚至还会对你的推销工作提出一些建议，这将有利于你更好地进行推销工作。

直接提问，开门见山

客户才是销售员真正的上司，真正让人信服的方法，是为对方考虑。

——原一平

销售员直接向顾客提出有关问题，可以引起顾客的注意和兴趣，引导顾客去思考。首先提出一个问题，然后根据顾客的实际反应再提出其他问题，步步紧逼，接近对方。也可以开头就提出一连串的问题，使对方无法回避。

第8章 把好提问这道关，问对问题看透心——提问技巧的训练

例如：

"到2015年，您将干什么呢？"这个问题可能引起一场销售员与顾客之间关于退休计划的讨论。

"您的生意大得足以有利可图地使用自动化生产设备吗？"这个问题可能引起一家发展中的制造公司总裁提出新问题，"我不知道我的生意必须达到多大规模？"从而进入正式的推销面谈。

某公司销售员对顾客说："只要您回答两个问题，我就知道我的产品能否帮助您装潢您的产品。"这实际上也是一个问题，并且常常会诱出这样的回答："你有什么问题？"

美国一位女销售员总是从容不迫、平心静气地提出三个问题："如果我送给您一小套有关个人效率的书籍，您打开书发现内容十分有趣，您会读一读吗？""如果您读了之后非常喜欢这套书，您会买下吗？""如果您没有发现其中的乐趣，您把书重新塞进这个包里给我寄回，行吗？"这位推销女士的开场白简单明了，使顾客几乎找不到说"不"的理由，后来这三个问题被该公司的全体销售员所采用，成为标准的接近方法。

美国一位口香糖销售员在遭到顾客拒绝时就提出一个问题："您听说过威斯汀豪斯公司吗？"零售商和批发商都说："当然，每个人都知道。"销售员接着又问："他们有一条固定的规则：该公司采购人员必须给每一位来访的销售员1小时以内的谈话时间。您知道吗？他们是怕错过好东西。您是有一套比他们更好的采购制度还是害怕看东西？"

某自动售货机制造公司指示其销售员出门携带一块2英尺宽3英尺长的厚纸板，见到顾客就打开铺在地面或柜台上，纸上写着：如果我能够告诉您怎样使这块地方每天收入250美元，您会感兴趣的是吗？

当然，接近问题必须精心构思，刻意措辞。事实上，有许多销售员养成了一些懒散的坏习惯，遇事不动脑筋，不管接近什么人，开口就是："生意好吗？"有位采购员研究销售员第一次接近顾客时所说的行话，做了这样一个记录，在一天来访的14名所谓的销售员中，就有12位是这样开始谈话的："近来生意还好吧？"这是多么平淡、乏味呀。某家具厂推销经理抱怨说有4/5的销售员都是以同一个问题开始推销面谈，即"生意怎样？"

在利用问题接近法时,销售员还必须注意下述问题:

(1)接近问题应表述明确,避免使用含糊不清或模棱两可的问句,以免顾客听起来费解或产生误解。

例如,"您愿意节省一点成本吗?"这个问题就是不够明确,只是说明"节省成本",究竟节省什么成本,节省多少,多长时间,都没有加以说明,很难引起顾客的注意和兴趣。"您希望明年年内节省7万元材料成本吗?"这个问题就比较明白确切,容易达到接近顾客的目的。一般说来,问题越明确,接近效果越好。

(2)接近问题应尽量具体,做到有的放矢,一语道破,切不可漫无边际,泛泛而谈。

销售员应该在接近准备的基础上设计接近问题,针对不同的顾客提出不同的问题,只有为每一位顾客定制不同的接近问题,才能切中要害。千篇一律的问题,不着边际的问题,不合时宜的问题,不切实际的问题,不痛不痒的问题,不知所云的问题,不成问题的问题,都难以引起顾客的注意和兴趣。

(3)接近问题应突出重点,扣人心弦,切忌隔靴搔痒,拾人牙慧。

在实际生活中,每一个人都有许许多多的问题,其中有主要问题也有次要问题,重点应放在顾客感兴趣的主要利益上。如果顾客的主要动机在于节省钱,接近问题应着眼于经济性;如果顾客的主要动机在于求名而不是求实,则接近问题应强调相应的重点。因此,销售员必须设计适当的接近问题,诱使顾客谈论既定的问题,从中获取有价值的信息,把顾客的注意力集中于他所希望解决的问题上面,缩短成交距离。

(4)接近问题应全面考虑,迂回出击,切忌完全直言不讳,应避免出语伤人。

每个人都有一些难言之隐,旁人不可随意提及。出于多种原因,有些顾客不愿意谈论某些问题,即使有人提起,也往往不作答复。例如,人们一般不与陌生人讨论自己的财务状况,除非销售员事先已经熟悉有关情况。有时销售员也可以利用有关资料进行逻辑推理,以假言判断的方式提出接近问题。无论采用的方式如何,都应避开有争议的问题和伤感情的问题,以免触及顾客的痛处，转移顾客的注意力。当然，这是一种处理伤感问题的高度艺术，十分微妙，只可意会，不可言传。只有恰到好处，才能有问必答。

 ## 用反问法将客户的质问挡回去

你唯一要销售的东西是想法，而那些也是所有人真正想买的东西。

——乔·甘道夫

林小姐到一家服装专卖店去买衣服，好不容易选中了一件，但是觉得价格很贵，而且她记得自己曾经在某家商场也看到过这种款式的衣服，但是价格几乎只有这里的一半，这时候林小姐感觉到这家专卖店似乎在很贪婪地宰顾客，因此感到很不满意。

林小姐（质问）："您这件衣服真的是这个价吗？"

促销员（很肯定地）："是这个价啊，市面上都差不多这个价格。"

林小姐："是吗？可是我觉得只有你们这里才是这样的价格，你们想宰顾客也不至于这么黑心吧！居然比别的地方贵1倍！"

促销员（心里也很生气，但她还是尽量克制住了自己）："既然您觉得被欺骗了，那您还可以重新选择。我想，您应该不止一次地见到这种款式的衣服吧，而且价格也可能如您所说的那样便宜，但是您没有买下来，我想您一定是另有打算，不是吗？您选择了到我们专卖店来买这款衣服，也一定有您的想法，不是吗？可能您也作过对比了，那么您是否发现了我们店里衣服的质量和别处有什么不同吗？也许您没有意识到价格其实并不是您最计较的。"

林小姐（无语）……

促销员："难道您真的对价格这样耿耿于怀，而要放弃这样一件合自己心意的衣服吗？"

林小姐:"不,我并不真正计较价格,只是不能忍受同一款衣服的差价如此之大。"

促销员(耐心平和):"难道您真的那么肯定那件衣服和我们这里的衣服的款式一模一样?包括厂家相同?同一代的产品?做工、面料一模一样?或者都是今年的新货?您难道不对这两者的价格差价产生怀疑吗?您难道不觉得他们的价格值得怀疑而我们的价格合理吗?"

林小姐(沉思)……

促销员:"这款衣服是我们店里比较受欢迎的一种款式,您想想,难道说那些顾客都没有对这款衣服的价格做个大致的合理了解吗?"

林小姐无言以对。最后她还是决定买了这件衣服。

面对顾客咄咄逼人的质问,促销员并没有采取反唇相讥的做法,而是先心平气和地回答对方,以让顾客能够平静下来,接着再使用一系列的反问句来逐一打消顾客心里的疑问。而最后顾客显然也意识到自己对产品的了解也许真的不如促销员多,也许是自己弄错了,误会了人家,自己确实也无话可说了,最后就决定买下了衣服。

与顾客进行双向沟通

不要表现出不感兴趣或尊重,不管在语言上或行动上。

——乔·甘道夫

与顾客沟通思想的过程是双向的。通过顾客的话,我们可以了解顾客对你所介绍的东西是不是喜欢。双向沟通是了解顾客有效的工具。

但在很多门店常常出现这种情况,顾客刚一进门,销售员就跟在顾客身后不停地讲解,直到顾客出门。在整个过程中,顾客一句话没说,销售员却说个不停,结果顾客空手而去。这种销售是失败的。

一位中年男顾客走进了瓷砖超市,四处看着。尽管这位客人的衣着很简单,但富有经验的老板知道,这位顾客很可能是做跟工程有关的工作,这种

第8章　把好提问这道关，问对问题看透心——提问技巧的训练

人要是一下单就是大买卖，于是让销售员好好接待。

销售员询问顾客的购买意向时，对方只是简单地说"看看"。于是销售员只得尽可能详细地向顾客介绍店内产品，过程中顾客也只是随口答应，并没有说什么。

20分钟后，顾客空手出店，什么也没买。

销售员把与顾客的销售沟通变成了自己的一场独白，尽管也费了很多心力，但却未能打动顾客。事实上，在销售中，销售员有一项最重要的工作就是与顾客形成互动。

一个聪明的销售员会让顾客尽可能地多说，透过他的回应探究其真正的问题与购买原因。一些销售员抱怨在销售对话中自己总是感到被动，原因就是你沟通中总是在说，而你的顾客总是在沉默或不停地发问。顾客一直提问，是在探你的底牌。其实你不一定知道顾客真正关心的是什么、主要的问题在哪里，因为你只说不问。顾客和你谈话，是期望你可以在专业方面给出建议。你应当像医生一样，对现状进行诊断，而诊断的最好方式就是有策略地提问，诱导顾客开口。

通常情况下，销售员可以通过以下两种方式获得问题点。

1.渗透性提问

所谓渗透性提问就是说排除顾客的回应，在进一步深入提问。举例来说：当顾客给出意见后，销售员可以马上追问一句："除此之外呢？"提问之后马上闭嘴，然后让顾客说。顾客一开始说出的理由通常不是真正的理由，当你说出"除此之外"之后，顾客都会沉思一会儿，谨慎地思考之后，说出他拒绝或购买的真正原因。

2.诊断性提问

在确认顾客真正的问题或需求时，可首先利用诊断性提问限定范围，确立具体细节，如："您是需要柜式空调还是壁挂式空调？"接下来再用相同的方法，进一步缩小"包围圈"。如："那么，柜式空调您是喜欢哪方面的功能呢？"

10种销售中最易成交的提问技巧

> 推销时,你必须了解你的客户需要什么,他们是什么人,了解他们的付款能力,了解他们的一切。
>
> ——法兰克·贝德佳

提问是了解客户最直接最有效的方式。通过提问,你可以获得你想要的信息,了解客户的真正需求,提供他所需要的服务。

以下10种最易成交的提问技巧,在销售中最为常见。如果销售人员能够很好地运用这些技巧,问对问题,找到答案,就没有攻不破的生意难关。

1. 主动式提问技巧

主动式提问技巧是指销售人员通过自己的判断将自己想要表达的主要意思用提问的方式说出来。一般情况下,对这些问题客户都会给予一个明确的答复。

例如,有一家洗发水公司的销售员问:"现在的洗发水不但要洗得干净,而且还要有一定的护发功能才行,是吧?"客户回答:"是的。"销售员又问:"为了能够护发养发就要合理地利用各种天然药物的作用,在洗发的同时做到护发养发,这种具有多种功能的洗发水您愿意用吗?"客户:"愿意。"

当然,销售人员接着就可以问他想要知道的问题:"这种含有药物的洗发水含有一种淡淡的药物香味,你喜欢吗?"如果客户说他不太喜欢,那么"症结"就已经找到了。

2. 封闭式提问技巧

封闭式提问技巧是指客户在回答问题时,用"是"或是"不是"就能使销售人员了解其看法。

销售人员以封闭式问法可以控制谈话的主动权。如果你提出的问题都

第8章 把好提问这道关,问对问题看透心——提问技巧的训练

使客户以"是"或者"不是"来回答,你就可以控制谈话的主题,将主题转移到和推销产品有关的范围里来,而不至于把话题扯远,同时,销售人员为了节约时间,使客户做出简短而直截了当的回答,也可以采用封闭式提问技巧。

开放式问法与封闭式问法得到的回答截然不同。封闭式问法的回答很简单,而开放式问法的回答所包含的信息量多,它的回答也常常出乎提问者的意料。

3.证明式提问技巧

有时客户可能会不假思索地拒绝销售人员的产品,所以,作为销售人员就应事先考虑到这种情况并相应提出某些问题,促使客户做出相反的回答。比如:"你们的冷却系统是全自动的吗?""您公司的仓库很大吗?"

当客户对这些问题做出否定回答时,就等于承认自己有某些需求,而这种需求亟待销售员来帮助解决。

4.反射式提问技巧

反射式提问技巧也称重复性提问,也就是以问话的形式重复客户的语言或观点。

例如,"你是说你对我们所提供的服务不太满意?""你的意思是,由于机器出了问题,给你们造成了很大的损失,是吗?""也就是说,先付50%,另外50%货款要等验货后再付,对吗?"

这类问题的好处在于:第一,它具有检验的作用,即能够用来检验销售员是否真正理解了客户的观点。如果理解有误,客户就会当场指出。第二,鼓励客户以合乎逻辑的方式继续表明观点。第三,它还可以使销售人员对客户的言谈做出适当的反应,可以避免直接向对方表示肯定或否定。第四,这类问题还可以用来减弱客户的气愤、厌烦等情绪化行为。销售人员以问话形式重复客户的抱怨,让客户感到他们的意见已受到重视,其抵触性情绪也就会减弱。

5.指向式提问技巧

这种提问方式通常是以谁、什么、何处、为什么等为疑问词,主要用来向客户了解一些基本事实和情况,为后面的说服工作寻找突破口。例如:

"你们目前在哪里购买零部件?""谁在使用复印机?""你们的利润是怎样的?"等。

这类问题的提问目的十分清楚,也比较容易做出回答。通常用来了解一些简单的、宜于公开的信息,不适合用来了解个人情况及较深层次的信息。需要注意的是,在使用这类问题时要表现出对客户的关心,语气不可太生硬。

6. 评价式提问技巧

评价性提问方法是用来向客户了解对某一问题的看法,而且这类问题一般都没有固定的答案。

例如,"你觉得小型轿车怎么样?""你认为租与买哪个更合算?""要是增加一些零件存货会怎么样?"等。

评价性提问通常用于指向性问题之后,用来进一步挖掘相关的信息。在很多情况下,客户很可能不愿意对某个问题发表意见。这时,销售人员就应该使用间接评价性的问题。间接评价性问题要求客户对第三者的观点做出评价。如:"有报道说,××牌电梯在消费者中信誉很高,你认为它在客户中受欢迎吗?"

7. 细节式提问技巧

这类提问的作用是为了促使客户进一步表明观点、说明情况。但与其他提问方式不同的是,细节性问题直接向客户提出请求,请其说明细节性问题。

例如:"请你举例说明你的想法?""请告诉我更详细的情况,好吗?"

8. 损害式提问技巧

这种类型的提问,其目的是要求客户说出目前所使用的产品存在哪些问题,最后再说服客户来使用你的产品。

例如,一位复印机销售员问潜在客户:"听说你们现在使用的这种复印机复印效果不太好,字迹常常模糊,是吗?"

显然,这类问题极具攻击性,如果使用不当,也会引起客户的反感。所以,在提出这类问题的时候,一定要注意措辞和语气的委婉,并要考虑客户的承受能力。

第8章 把好提问这道关，问对问题看透心——提问技巧的训练

9. 结论式提问技巧

这种提问是根据客户的观点或存在的问题，推导出相应的结论或指出问题的后果，诱发出客户对产品的需求。这类提问通常使用在评价性问题和损害性问题之后。

例如，复印机销售员在客户对损害性问题肯定之后，可以接着使用结论性问题："用这样的复印机复印广告宣传材料，会不会影响宣传效果？"

10. 建议式提问技巧

销售人员应该主动对客户提出购买相关产品可以获得的相关利益，并给出一些良好的建议，以刺激客户的购买欲望。

比如，童车销售员就可以这样问他的顾客："请问您买这辆小车是给几个月的婴儿睡觉用还是给一两岁的婴儿坐着用？"或是问："您买这辆车是愿意让小孩骑三轮稳定些，还是要让他（她）练习一下骑两轮单车的技巧？"短短的一个问题既赢得了客户的信任和认同，又巧妙地说出了该产品的多种功用，从而给客户留下了良好而又深刻的印象。

练口才　做销售

在向客户提出问题时，必须要慎之又慎，要注意以下几个方面的要点：

（1）即使你急着想要提出问题，也应该等对方充分表达之后再提问。过早或过晚提问，都会打断对方的思路，而且显得不礼貌，也影响对方回答问题的兴趣。

（2）在对方还没有答复完毕以前，不要提出你的第二个问题。

（3）与谈判无关的一些问题，最好在谈判前、谈判后，或中间休息时提出。

（4）要想控制谈话的方向，可以连续发问，但每次提出的问题要单一而明确，所提出的问题，前后要有连续性、逻辑性。

（5）提问时要注意对方的情绪。当对方情绪高涨时，可以抓紧时间多问，问深些；反之，则尽量少问，所提问题亦不能太深。

（6）多做积极性的提问。

（7）不要直接提那些对方不可能回答的问题。杜绝使用讽刺性、盘问式、审问式的发问。

（8）不要有意使对方难堪，不能提出带有敌意或威胁性的问题，更不能提出指责性的问题。

（9）按平常的语速发问。太急速的发问容易使对方认为你是不耐烦或持审问态度；太缓慢的发问，容易使对方感到沉闷，无时间观念。

（10）提问时态度要谦虚，语气要和蔼，面部表情、手势动作、身体姿态等要同步配合。

（11）由广泛性的问题入手再移向专门性的问题将有助于缩短沟通的时间。

（12）所有的问题都必须围绕一个中心议题，并且尽量根据前一个问题的答复设计问句。

（13）提问方式必须与问话对象相适宜。对方坦率耿直，提问就要简洁；对方爱挑剔、善抬扛，提问就要周密；对方急躁，提问就要委婉；对方严肃，提问就要认真；对方活泼，提问可以幽默。

第9章
会说也会听，拉近知音感
——倾听技巧的训练

要想成为一个优秀的销售员，就得把嘴巴和耳朵兼用起来，就得把自己言语的优势通过虚心的倾听发挥得淋漓尽致。善于倾听，是不可不备的品质。销售员就要认真倾听客户的心声，明白他们需要什么，然后才可以为他们解决问题。

提问在左，倾听在右

在和客户的长期接触中我学到了：最重要的让你成功的理由是和客户建立信任关系，倾听客户的意见，兑现你的承诺以及发疯似的尽你应尽的义务。

——Neumann.美国管理者

询问令他骄傲的问题。比如，他在生意中最大的成功，他今年最大的目标。

询问与个人兴趣有关的问题。比如，他在闲暇时喜欢做什么？从事什么体育运动？有什么爱好？

询问如果他不工作时想干什么。比如，什么是他真实的梦想和野心？

询问关于目标的问题。比如，他的公司今年的首要目标是什么？他准备如何实现这个目标？他实现目标最主要的障碍是什么？

观察办公室里的每样东西，寻找一些与众不同的东西。例如一些单独放在镜框中的，或者更触目、更突出的东西。寻找相片和奖状，询问他是怎么得到它们的。

寻找和提问是第一步，接下来，你要做的是认真倾听。倾听他说出的第一件事。在回答问题时，他脱口而出的第一点是他脑海中最要紧的东西。一般人都会把脑子里最重要的东西先说出来。

倾听他头几句回答的语气。语气能够反映出紧急和重要的程度。他的动作和声音大小说明了他的热情有多高。

倾听他不假思索的果断回答。这就是他真正的潜在需求所在。

倾听一个又长又闷的故事。这些细节通常隐藏着真正的需求。

倾听他重复的内容。被重复说到的事往往在他头脑中占优先位置。

寻找带有感情色彩的回答。客户带着激情或用异样的语气说到的事,要么是真的,要么是假的,是极端的话。

善听比善辩更重要

> 听取客户的意见,是获得市场份额的最佳途径,而听取他们的幻想,也是开辟新市场的最佳途径。
>
> ——埃斯特·戴森

倾听是一种礼貌,是一种尊敬讲话者的表现,是对讲话者的一种高度的赞美,更是对讲话者最好的恭维。倾听能使对方喜欢你,信赖你。

重型汽车销售员乔治去拜访一位曾经买过他们公司汽车的商人。见面时,乔治照例先递上自己的名片:"您好,我是重型汽车公司的销售员,我叫……"才说了不到几个字,该客户就以十分不友好的口气打断了乔治的话,并开始抱怨当初买车时的种种不快,例如服务态度不好、报价不实、内装及配备不实、交接车的时间等待得过久等等。

客户在喋喋不休地数落着乔治的公司及当初提供汽车的销售员时,乔治只好静静地站在一旁,认真地倾听,一句话也不敢说。

终于,那位客户把以前所有的怨气都一股脑地吐光了。当他稍微休息了一下时,才发现眼前的这个销售员好像很陌生。于是,他便有点不好意思地对乔治说:"小伙子,贵姓呀,现在有没有一些好一点的车型,拿一份目录来给我看看,给我介绍介绍吧。"当乔治离开时,已经兴奋得几乎想跳起来,因为他手上拿着2台重型汽车的订单。

从乔治拿出商品目录到那位客户决定购买,整个过程中,乔治说的话加起来都不超过10句。重型汽车交易拍板的关键,由那位客户道出来了,他说:"我是看到你非常实在,有诚意又很尊重我,所以我才向你买车的。"

因此,在适当的时候,让我们的嘴巴休息一下,多听听客户的话。当我们满足了对方被尊重的感觉时,我们也会因此而获益的。

倾听是销售的好方法之一,销售员通过倾听能够获得客户更多的认同。你可以从以下3个方面锻炼你的倾听技巧。

1. 培养积极的倾听技巧

站在客户的立场专注倾听客户的需求、目标,适时地向客户确认你了解的是不是就是他想表达的,这种诚挚专注的态度能激起客户讲出他更多内心的想法。

2. 让客户把话说完,并记下重点

记住你是来满足客户需求的,你是来带给客户利益的,让你的客户充分表达他的状况以后,你才能正确地满足他的需求,就如医生要听了病人叙述自己的病情后,才开始诊断。

3. 掌握客户真正的想法

客户有客户的立场,他也许不会把真正的想法告诉你,他也许会用借口或不实的理由搪塞,或为了达到其他的目的而声东击西,或别有隐情不便言明。因此你必须尽可能地听出客户真正的想法。

掌握客户内心真正的想法,不是一件容易的事情,你最好在听客户谈话时,自问下列的问题:客户说的是什么?它代表什么意思?他说的是一个事实,还是一个意见?他为什么要这样说?他这样说的目的是什么?从他的谈话中,我能知道他的需求是什么吗?从他的谈话中,我能知道他希望的购买条件吗?

你若能随时注意上述3点,相信你必定能成为一位善听者。

不要给客户反复"灌输"的压力

世界上有两种力量非常伟大,其一是倾听,其二是微笑。你倾听对方越久,对方就越愿意接近你。据我观察,有些销售员喋喋不休,因此,他们的业绩总是平平。上帝为什么给了我们两只耳朵一

第9章　会说也会听，拉近知音感——倾听技巧的训练

张嘴呢？我想，就是要让我们多听少说吧！

——乔·吉拉德

有人拿销售员和医生作过比较。为什么人们生了病会很自然地去找医生，而人们有了某种需求却不会主动去找销售员呢？

很多销售员在见到客户时，还没等客户提出任何问题，就已经开始滔滔不绝地向客户解释他的产品如何好、有何功用以及产品的生产背景、价钱如何了。

推销的第二步骤是听取客户的反应、意见，比如说他们已经买了，或嫌价钱太高等等。而此时，销售员又常常会迫不及待地说自己推销的产品性能如何与众不同、如何更先进，弄得客户有一种被粘上了，脱不开身的感觉。

推销的第三步骤是补充他所推销产品的实用性，价钱也比其他同类产品便宜等等。

总之，销售员就是希望他的客户多少买一些他的产品。

这种给人压力、令人不舒服的推销方式，正是许多销售员的工作程序。

那么，医生又是怎样面对病人的呢？

第一步骤，病人来到门诊部，坐在医生面前，医生会问该病人觉得哪里不舒服，病人便向医生逐一道出什么地方不舒服。这时候，病人会主动说得很认真、仔细，把他的感觉都告诉医生。

第二步骤，医生会用诸如听诊器、压舌片、温度计、血压测量仪等医疗器具为病人做检查，或是请病人躺在床上做检查，如需要，还会请病人去验尿、验血、验肝功能，以便判断病人究竟得了什么病。这时候，病人都会十分听话地照医生的吩咐去做，一般不会提出异议，因为病人希望医生能准确地判断出病情，把他的病早点治好。

第三步骤，医生给病人开药方，病人就会依方取药，而且还会遵医嘱按时服药。

这就是医生的工作程序。

你看出来了吗？医生和销售员的区别究竟在哪儿？

医生的第一个程序是聆听，聆听病人讲解问题之所在；销售员则往往忽

略了聆听这个环节,一见到客户就开始向他们推销自己的产品。

医生的第二个程序是检查、判断、分析病人的病症;而销售员在第二个程序才开始聆听客户的反应。这就少了分析、判断这一重要环节,很容易给人以一厢情愿、强力推销的感觉。

医生的第三个程序是开药。确定了病人是什么病后,便对症下药。病人自然很配合,因为他希望医生能解决他的问题、治好他的病;销售员的第三个程序却是再次介绍他所推销的产品的好处,然后再做推销。

因此,要想成为一个专业的销售员,你首先得告诉自己:"我是一个专业的销售员,应该具备一位医生的态度。"

如果你有医生的心态并运用医生的工作程序,那么,你就能成为一个超级销售员。

普通销售员只会卖给客户药,顶尖销售员却能为客户诊好疾病。

 ## 用心倾听客户的话

> 如果你每天肯花时间了解顾客,那将大大增加成交的希望。
>
> ——乔·吉拉德

用心听顾客的话,不论对导购新手还是老手,都是一句终身受用不尽的忠告。

不善于倾听导致失败的例子很多。

在一次推销中,乔·吉拉德与客户洽谈顺利,就要签约成交时,对方却突然变了卦——快进笼子的鸟飞走了。

当天晚上,按照顾客留下的地址,乔·吉拉德找上门去求教。客户见他满脸真诚,就实话实说:"你的失败是由于你没有自始至终听我讲的话。就在我准备签约前,我提到我的独生子即将上大学,而且还提到他的运动成绩和他将来的抱负。我是以他为荣的,但是你当时却没有任何反应,而且还转过头去用手机和别人讲电话，我一恼就改变主意了！"

此一番话重重提醒了乔·吉拉德，使他领悟到"听"的重要性，让他认识到如果不能自始至终倾听对方讲话的内容，认同顾客的心理感受，难免会失去自己的顾客。以后再面对顾客时，他就非常注意倾听他们的话，无论是否和他的交易有关，都给以充分的尊重，收到了意想不到的效果。他终于成为一名推销大师。

多听少说的道理大家都知道，但是在生活当中，能够做到"善于倾听"的，真的是少之又少。交谈中，渴望被倾听的一方往往会因为一些情况不愉快。比如大家都有一肚子话要说，沟通起来是各说各的，都说了很多，但是根本就没说到一起去，反而会因为一些根本就不矛盾的观点争得面红耳赤；你说得口干舌燥，他好像是在认真听你说，然而一开口，说的全都是跟你刚才讲的风马牛不相及的东西，搞得你一下子很沮丧；对方特别好说，你刚想开口，她就将音调提高几度，搞得你兴致全无。

沟通的时候就需要自己能够尽量站在对方的角度，去思考和揣摩他说的每一句话的意思。能够做到这样并且能够经常做到这样，就不仅需要一些"技术"，而是自己在内心里真正尊重沟通的对象，真正将自己放在与对方平等的地位。

学会并善于倾听其实是很容易的事情，只要你用心，在别人讲话时，给予人以充分的尊重，那么你也将会得到更多的尊重，与人交流也会变得更愉快。

作为销售人员，经常会面对各种不同类型的顾客，几乎所有顾客都会对货品有一些不满或抱怨。遇到这种情况，首先要有耐心，尽量不要与顾客正面对峙，更不可争吵。面对顾客的生气、抱怨要认真倾听。不要提高嗓门，也不要作负面反应或负面设想。顾客总是认为他们是正确的，需要做的是要让他们认识到是他们自己错了。若遵循这三点，大多数情况就易于解决。

其次，与顾客一起找出问题的关键所在。只要顾客有意见，就让他提出来，这是改进服务质量的重要手段。面对顾客的抱怨或意见时，请把握以下原则："理解顾客，换位思考"。

一位顾客在选购传真机时，抱怨到"哎呀！这东西的价格太高了。"并且怀疑"它真的值那么多钱吗？我有没有必要非买这么贵的东西？"

促销员巧妙地为顾客算了一笔账，陈列了"费用不高"的理由："您说得不错，现在一下子要拿出一笔钱来的确是一个不小的负担，但是您想想看，这种东西不是用一两年就会坏的，只要您使用方法正确，用上10年也绝对没问题。我们就以5年来算，实际上您1年只需花1 200元，再除以12个月，每月只需要100元；换言之，每天只要3元，这也不过是您每天抽一两支烟的钱，这样算起来不是很便宜吗？而且，它可以给您带来多大的方便呀，这项投资的回报可高呢！"

顾客听了，觉得你说得很有道理，就会决定买下传真机。

有一些倾听抱怨的小经验，供大家参考：

（1）任何时候都应让顾客体会到你的认真态度，并且对顾客的抱怨进行调查。

（2）顾客并不总是正确的，但有时为了让顾客冷静下来，"让顾客正确"是有必要的，也是值得的。

（3）一定范围内，顾客的抱怨是难以避免的，但作为营销人员要意识到，这种抱怨并不是对自己的指责。

（4）为了能正确判断顾客的抱怨，营销人员应该站在顾客的立场上来思考问题、看待顾客的抱怨，通常来说，顾客的抱怨是由一些微不足道的原因引起的。

（5）顾客在发怒时，情绪一般是很激动的，这时顾客对销售员流露的不信任、不重视或轻率的态度特别敏感。因此，销售人员应保持冷静。

（6）在你未认识到顾客说的话不真实之前，不要轻易下结论，即使顾客是错的，也不要直接责备顾客，等顾客自己意识到了，问题就可以迎刃而解了。

（7）在处理顾客的无理抱怨时，不管顾客的抱怨是否有道理，都应保持真诚合作的态度。这并不意味着你已接受了顾客的抱怨，而是表示他的抱怨已引起了你的足够重视。即使顾客言语粗鲁，你仍表现出友好的态度，这样可以避免争执。

（8）不要向顾客提出不能或难以兑现的承诺，以免引起进一步的纠纷。

第9章 会说也会听,拉近知音感——倾听技巧的训练

 ## 进行有效的倾听

> 对销售而言,善听比善辩更重要。
>
> ——原一平

销售员有多么能说并不是最重要的,关键是要学会说话。说话的技巧包括说和听,其中听比说更重要。一个善于倾听的人,一定会成为一名很好的销售员。

在客户面前,销售员要尽力向他们全面介绍商品的优点,这固然是必不可少的。但是,倾听对于销售员同样有着重要的作用。销售员不但要促使客户说话,而且在客户开口说话后,还要学会倾听,这时就不要再过多说话了。有的销售员出于先天的原因,性格内向,不爱说话,面对客户,有时心里有好多想说的话,却无从开口,只好默默倾听,可是他们的业务并不是想象中的那样无法开展,恰恰相反,他们的业绩还不错。这就是因为他们能够倾听客户的想法,客户也愿意同这样的人打交道。

倾听是一项值得开发的技巧,善于倾听的人,在社交场合与事业上都会占有优势。据有关专家调查,在20种销售经理人的特质与能力中,排在前两位的是:倾听和沟通能力。在工作时间内,销售将其70%~80%的时间用于做沟通工作,而其中的主要活动就是倾听。因此,倾听是一名成功的销售员应该具备的最重要的素质。然而,很多销售员很少致力于学习发展这种技巧,不知不觉地就忽略了这一重要的交流功能。平均而言,作为听者,人们只有35%的效率。有效倾听的缺乏往往导致错失良机、产生误解、冲突和拙劣的决策,或者因问题没有及时发现而导致危机。

有效的倾听技巧与单纯的专心倾听是不同的。反馈或释义能够使销售员和客户之间沟通的意思更加准确和清楚,因为这种技巧能够显示出具有强烈欲望的销售员发现自己是否完全理解了客户的意思。有效的倾听也可以说是

一种有选择性的倾听。

当我们有效地倾听时,就在对听到的东西进行消化、综合、分析,并理解其中的真实意思,以及哪些东西没有说到。良好的倾听,意味着对说话人所说的内容获得了完整、准确的理解。倾听的目的,不仅在于知道真相,而且在于听众能够自己理解所有事实,并且评估事实之间的相互联系,进而努力寻找信息所传达的真正含义,这样的倾听才是富有意义的。销售员自我设定倾听的目标,不但可以为自己明确倾听方向,而且也有利于自己专心倾听。有组织的倾听,有助于销售员快速而完整地从客户那漫无边际、毫无章法的谈话中跳出来,抓住客户谈话的重点,达到自己倾听的目的。

有效的倾听是可以通过学习而获得的,认识自己的倾听行为将有助于你成为一名高效率的倾听者。

倾听对销售员至关重要。当客户明白自己谈话的对象是一个倾听者,而不是一个等着做成买卖的管理者时,他们会毫不隐瞒地给出建议,分享情感。

乔·吉拉德对这一点感触颇深,因为他从自己的客户那里学到了这个道理,而且是从教训中得来的。有一天,乔·吉拉德陪客户转了半个小时,对他要买车有十足的把握,就差进办公室填订单了。他们一路走向办公室,客户满面春色地说起他儿子来。"乔,我儿子要当大夫了。""那好哇。"乔·吉拉德说。走进办公室时,大厅里几位销售员在说说笑笑。客户还在讲,乔·吉拉德则留心着外边。"嗨,我儿子棒不棒?"他还说个不停。"成绩很好,是吗?"乔·吉拉德问,眼睛仍盯着大厅里的那帮人。"班上前几名呢。"他答道。

"他中学毕业后想干什么?""我刚跟你说过了,乔,他念书要当大夫。"乔·吉拉德说:"太好了。"他看了客户一眼,忽然意识到刚才一直没注意听。他眼神有点异样的神情。客户突然说:"啊,乔,我得走了。"说完便离开了。第二天下午,乔·吉拉德打电话到客户办公室,说:"请您回来买车。""噢,大人物先生,"客户接着说,"世界头号销售员先生,我要告诉你,我已经从别人那儿买了车。人家能体会我的心情,听我夸我儿子。乔,你没听我说。告诉你吧,大人物先生,有人跟你讲他喜欢什么不

第9章　会说也会听，拉近知音感——倾听技巧的训练

喜欢什么的时候，你应该听他们说，全神贯注地听！"乔·吉拉德猛然醒悟到自己做错了事，赶忙说："先生，如果因为这个，您不买我的车，这确实是个很好的理由。不过，我现在想告诉您我是怎么想的。""什么想法？""我觉得您很了不起。您认为我无能，我很难受。但能不能请您帮一个忙？""帮什么，乔？""希望有一天您能再来，让我有机会证明我是个好听众，我愿意为您效劳。当然，如果您再也不来了，我也不会有任何怨言。"

三年后，那位客户又来了，乔·吉拉德卖给他一辆车。他不只自己买，还介绍了好几十位同事来乔·吉拉德这儿。再后来，那个客户又从乔·吉拉德这儿买一辆车，送给他儿子吉姆大夫。

乔·吉拉德成功的原因就在于认真倾听客户的讲述，和客户成为朋友。

人们往往缺乏花半天时间去听销售员滔滔不绝地介绍商品的耐心。相反，客户却愿意花时间同那些关心其需要、问题、想法和感受的人在一起。乔·吉拉德对倾听做了简单的总结，他认为，当我们不再喋喋不休，而是听听别人想说什么时，至少可以从中得到三个好处：体现了你对对方的尊重；获得了更多成交的机会；更有利于找出客户的困难点。

 ## 及时领会客户每一句话

> 当客户说话时，看着他们的眼睛和嘴巴。
>
> ——乔·甘道夫

成功的推销人员深知良好的倾听和沟通能力是其取胜的法宝。多数人想当然地认为倾听是一种与生俱来的技能。他们错将听见某人说话当作倾听行为。通常，他们最多吸收25%的谈话内容。实际上，倾听是有目的的听觉。这是一个相当积极的过程，人们必须专心倾听说话者所说的内容。

虽然能言善辩是一位优秀销售员必须具备的重要能力之一，但是，成功的销售员不仅仅是一位口齿伶俐的说客，而且也是一位出色的听众。

销售员良好的倾听的两个主要目标，就是要告诉客户：自己非常专心地倾听他们的说话，而且也完全了解客户所说的意思。最好的办法就是在倾听时尽量不要分心，更不要假意倾听。

在必要的时候要对客户表现出同情心。

销售员在专心倾听时，可以不时地作些反应性回答，比如"噢，是的""你是对的""我知道你的观点"或"当然"等等。这些用词都是你在倾听时偶尔插话的关键词，这样，客户就会觉得你真的在听他的话，而且相当赞同他的看法。另外一些更加具体的反应性回答包括"这一点对你很重要，不是吗？""我能想象出你当时的感受""我想多了解一些事件的细节"。

要向客户表示你已经了解他们的心情，可以对客户说："我明白你的意思""很多人这么看""很高兴你能提出这个问题""我明白了你为什么这么说"等等。

学会倾听其实是一件很容易的事情，只要销售员用心，在别人讲话时，给予充分的尊重与肯定，那么销售员也将会得到客户更多的尊重，与客户交流也会变得更愉快。尊重客户的需求，才能让销售员赢得发言的权利。

每个人都有自己的立场及价值观，因此，销售员必须站在对方的立场，仔细地倾听他所说的每一句话，不要用自己的价值观去指责或评断对方的想法，要想办法引发客户的共鸣。

在倾听时，不仅要听客户的言辞，还要剖析言辞中所蕴含的真正含义，把握客户的心理，从而洞悉其需要什么，关心什么，担心什么。只有了解客户的心理，销售才会更有针对性。不论是客户的称赞、抱怨、驳斥，还是警告、责难，都要仔细地聆听，并适时做出反应，以表示销售员的关心与重视，这样才能赢得客户的好感，进而达成交易。

当客户所说的事情，对销售可能造成不利时，销售员听到后不要立刻反驳，可先请客户针对事情做更详细的解释。

点头或者微笑可以表示销售员赞同客户说的内容，表明销售员与说话人意见相合。客户会体会到被认同的喜悦，这有利于今后的销售。

全神贯注地听，不要边听边做小动作。人们总是把乱写乱画、胡乱摆弄

第9章 会说也会听，拉近知音感——倾听技巧的训练

纸张或看手表解释为心不在焉——即使销售员很认真也是如此。在客户说话时，销售员若左顾右盼，不停地看表，翻手头的资料，或做别的小动作，销售员的这笔生意估计也要泡汤了。

销售员明明没兴趣的事，就别问这问那。虽然销售员是顺着人家说的事问下来，但问得太深入，反而会让对方失去谈下去的意愿，当然，也就谈不上沟通了。

销售员的形体语言同样向客户传送着各种信号。要做一个活跃的听众。如果客户认为销售员不感兴趣，他会中止谈话。销售员要频繁地注视着对方，作记录、坐得笔直、不断点头，以使对方知道销售员听明白了他说的是什么。

销售员对客户所说的话可能和他真正的意思有出入。"我们的计算机系统对于现在的需求来说足够了，"可能会被理解为对新系统没什么兴趣。为了进一步弄清楚，销售员可以问，"这意思是不是说您对现在的系统完全满意了呢？"这就使该客户有机会说。"也不完全是，现在是足够了，但它没有给将来的扩展留下太多的空间。"通过确认销售员是否理解了对方的回答，销售员就会发现客户的需求，并且为下一步的工作创造了机会。

胸怀宽广的销售员能包容客户发泄心中的不满，倾听客户的心声。对于销售员来说是一种难能可贵的品质。因为只有善于倾听客户心声的销售员才会拉近与客户之间的心理距离，从情感上赢得客户。倾听是一种极为重要、有效的激励方法，它能促进客户主动对公司作出贡献，使公司获得更高的工作效率。要是销售员不能聆听客户的心声，客户就会因不被重视而失去购买兴趣。

练口才　做销售

倾听的艺术主要有以下几个方面的体现。
1. 表示出兴趣
应带着理解和相互尊重进行倾听。

2. 以共鸣的态度倾听

要像一块共鸣板，让说话者觉得你是以共鸣者的姿态出现的，这样可以迅速获得客户的信任。

3. 全神贯注

通过非语言行为，如眼睛接触、动人的语调、某种友好的脸部表情等，建立一种积极的氛围，这样会使客户感到受重视和觉得你值得信赖。

4. 表现得已经充分理解

反馈你认为客户当时正在考虑的内容，总结对方的内容，使对方确认你已完全理解了他所说的话。

5. 使用简单的口语

使用简单的口语，如"噢""嗯""我明白""的确是"或者"说得很对"等，来认同客户的陈述。通过说"我对你所说的很感兴趣""说来听听"或者"我想听听你的想法"等，来鼓励客户谈论更多内容。

6. 避免先入为主

以个人态度投入一个问题时往往会导致愤怒和受伤的情感，或者使你过早地下结论，这样不仅显得武断，有时也会让客户觉得你不够成熟，从而产生不信任感。

7. 不可随意插话或接话

要等客户充分说完，以表示尊重。

8. 重点问题要做笔记

这样可以使自己不漏掉一些重要的信息。

9. 分析与评估

要对不完整或模糊的信息进行分析与评估，从中发现重要的销售线索。

10. 观察购买信息

仔细分析客户的言语，以获得其购买信息。

第10章
找准赞美点,客户露笑脸
——赞美口才的训练

时时刻刻让客户感觉自己很重要。你若能准确投合人性中这种深刻的渴求,对方的感情账户内就会增加更多有利于与你做成生意的种子。赞美是个相当神奇的魔法。赞美可以激励客户建立他们的自我形象,并使他们喜欢我们。赞美的话对客户的冲击是相当深刻的。不要觉得害羞,不要畏缩,勇敢地说出来,这会带给客户无比的价值感,让他感到自己是个重要的大人物。

赞美是畅通推销的通行证

赞美是畅通全球的通行证。

——原一平

不管什么样的人都喜欢别人奉承。

每一个人,包括我们难缠的客户,都渴望得到别人真诚的赞美。

原一平说:"赞美是畅通全球的通行证。"

因此,懂得赞美的人,肯定是会推销自己的人。

原一平有一次去拜访一家商店的老板。

"先生,您好!"

"你是谁呀?"

"我是明治保险公司的原一平,今天我到贵地,有几件事想请教您这位远近闻名的老板。"

"什么?远近闻名的老板?"商店的老板有点惊讶,惊讶之余便是高兴。

"是啊,根据我的调查,大家都说这个问题最好请教您。"

"哦?大家都在说我啊!真不敢当,到底什么问题呢!"

"实不相瞒,是……"原一平向屋里看了一眼。

"站着谈不方便,请进来吧!"

就这样轻而易举地过了第一关,也取得了准客户的信任和好感。

赞美几乎是百试不爽,没有人会因此而拒绝你。

原一平认为,以赞美对方开始访谈的方法尤其适用于推销个人健康险。那么,访谈究竟要请教什么问题呢?

一般可以请教商品的优劣、市场现况、家庭及亲人等。

对于商店老板而言，有人诚恳求教，大都会热心接待，会乐意告诉你他的创业史。而这些宝贵的经验，也正是销售员需要学习的，这样既可以拉近彼此的关系，又可以提升自己，何乐不为呢？

记住，下次见到准客户，以赞美对方开始访谈。

不管多么难缠的客户，只要以赞美开始访谈，遇到的麻烦肯定会少。

 ## 赞美的内容和方式越具体越好

> 每一个人都是值得感谢的，因为他至少抽出时间给你，愿意和你交谈。
>
> ——乔·吉拉德

对陌生客户进行突然推销，难免显得有点唐突，而且很容易招致客户的冷遇，甚至是反感，以至于遭到客户的拒绝。但是，如果销售员能够运用恰当的口才技巧，去真诚地赞美和恭维客户，再提出相关的问题，就容易取得对方的好感，起码能够将沟通进行下去，随后的推销过程也就会顺利得多。

20世纪30年代，美国费城电气公司的威伯到一个州的乡村去推销电，他到了一所富有的农家面前，叫开了门，户主是个老太太，一见是电气公司的代表，就猛然把门关闭了。

威伯于是再次叫门，门勉强被打开了一条缝。威伯说："很抱歉打扰您了，也知道您对用电不感兴趣。所以我这次并不是来推销电的，而是来买几个鸡蛋。"听他这样一说，老太太消除了一些戒意，把门开大了一点，探出怀疑的头望着威伯。

威伯继续说道："我看见您喂的道明尼克鸡种很漂亮，所以想买一打新鲜的鸡蛋回城。"

听到他这样说，老太太就把门开得更大了一些，并问道："为什么不用你的鸡蛋？"

"因为"，威伯充满诚意地说："我的力行鸡的蛋是白色的，做起蛋糕来不好看，我的太太就让我来买些棕色的鸡蛋。"

这时候，老太太走到门口，态度也温和了许多，并和威伯聊起了鸡蛋的事情。但威伯却指着院里的牛棚说："夫人，我敢打赌，您丈夫养牛赶不上您养鸡赚钱多。"老太太被夸得心花怒放。因为，长期以来，她丈夫总不承认这个事实。于是，她把威伯视为知己，带他去鸡舍参观。威伯边参观边赞扬老太太养鸡的经验丰富，并说，如果能用电灯照射，产的蛋会更多。老太太这时对电似乎也不那么反感了，反而向威伯询问用电是否合算。当然，她得到了圆满的解答。

两个星期后，威伯在公司收到了老太太交来的用电申请。

对客户进行赞美时，一定要做到具体、得体，这其中的尺度很微妙，需要销售员用心去体会把握。如果赞美用词不当，或者太夸张，会给人留下很不好的印象，甚至会让人感到厌恶。

赞美的话题可小可大，小的可以是"您的气色很好""您的院子真整洁"等等，大的话题可以是"您做生意信誉很好""听说您在××方面很有经验"，也可以说"一直仰慕您的学识和人品"等等。

赞美的内容和方式越具体越好，这也表明了你对客户的了解程度。销售员在赞美客户时，要有意识地说出一些具体而明确的事情，而不是空泛、含糊地赞美。例如：

1.赞美某人的衣着

"您今天看起来很有风度。"或"您的衣服很好看并且很时尚。"

2.赞美某人的房间

"这真是间漂亮的房子。"或"这间房子装修得很雅致呀。"

"啊，您的房间布置得真好！光线柔和、色调明快，使人赏心悦目，如果再铺上地毯的话，那将更是锦上添花啊！"

3.赞美某人的手表

"这只手表很漂亮。"或"这只手表的造型真是独特呀。"

4.赞美某人的小孩

"他们真聪明！"或"他们真是太棒了！我希望我也能有这样好的孩子。"

5.赞美某人的新车

"从这部车可以看出现代科技的进步真是神速啊!您一定花了不少钱买这部车吧!"或"能拥有如此完美的车,您真是与众不同!"

 ## 把握好赞美的度

对客户友好不用花钱,却能给你带来很多好处。

——西蒙,德国管理大师

艾伦是一家人寿保险公司的销售员,几经周折,他才获得了去拜访当地一位大人物钱伯斯先生的机会,而时间只有半个小时。

一见到钱伯斯先生,艾伦就非常激动地说:"钱伯斯先生,我很小就听过您的大名,从心底万分崇拜您。我想,如果我今天能亲耳听到您的那些传奇故事的话,我会非常荣幸的。"

"年轻人,你今天来的目的不是就为这个吧?"

"钱伯斯先生,您可不知道,有多少人做梦都盼着见您一面呢!"艾伦越说越起劲,又说出来很多赞美之辞,钱伯斯先生渐渐地也被他的赞美冲昏了头脑,开始向他讲述自己的创业史。结果,半个小时的时间很快就过去了,艾伦满脑袋都是故事,却忘记了此行的真正目的。

在与客户沟通的过程中,赞美会很快取悦于客户,并能够在客户心中留下美好的印象,因为每个人都喜欢受到别人的赞美和尊重,对赞美自己和尊重自己的人自然会抱有好感。但是,如果过分赞美客户,就像上面的艾伦一样,就会使赞美远离实际,不能够与自己的推销工作有效结合起来,往往弄巧成拙。

因此,赞美是要讲究技巧和方法的,不是美言相送,随便夸上两句就会奏效,如果赞美的方法不当还会起到相反的作用。所以,在赞美客户时,要注意恰如其分,切忌虚情假意、无端夸大。那么,如何去把握赞美的话语而不过头呢?

有一位经理,开的汽车已经很旧了,因为在创业年代艰苦奋斗惯了,所以现在成功了,怎么也舍不得换新车子。像他这样的人是各汽车销售公司最好的潜在客户。但是,在很长一段时间里,都没有人能成功地向他出售一辆汽车。原因在于这些销售员总是这样说:

"您这辆车子太破了,太旧了,跟您的身份不符……""您这破车三天两头就要修理,修理费用得多少啊"等话,让这位经理听了心里很不痛快。

后来,来了一位推销高手,他这样对经理说:

"您的车子还能再用好几年,现在换了新车是有点可惜啊。不过,这辆车居然能够行驶12万英里,看来您开车的技术真是一流啊。"

销售员的话虽然含有车子太旧的意思,但是表面上却是在夸赞这位经理。他的这番话真是说到经理心坎里了。可想而知,只要有需要,这位经理最后肯定会购买该销售员的汽车。

 ## 善意的奉承胜过笨拙的实诚

不要把消费者当傻瓜愚弄,她应是你心目中的妻子,不要蔑视她的才智。

——戴维·奥格尔维

经常看到在销售中,因一句话而毁了一笔业务的现象,如果能避免失言,销售员的业绩肯定会百尺竿头,更进一步。也许有人认为不说实话是虚伪,但有时候实话不实说并不是虚伪。话是说给他人听的,销售员的话可以使客户心情舒畅,也可以使客户情绪一落千丈,使客户心情舒畅,于己于人都有好处,销售员何乐而不为呢?

小娟是一名服装销售员。一天,一位穿着一件旧外套的客户走进了店门。看着他身上的破旧外套,小娟就想卖给他一件新外套。小娟心里在想:

第10章　找准赞美点，客户露笑脸——赞美口才的训练

"这人怎么还穿这种破衣服？这还是好几年以前流行的款式，他居然穿了这么多年，这衣服早该当抹布用了。"

当然，小娟心里可以这样想，但嘴上却不能这样说，如果实话实说，那肯定会离销售成功越来越远。

如果是一名汽车销售员，当客户问，他那辆旧车可以折合多少钱时，销售员心里想的也许是："这辆破车还能值几个钱？"这可能是大实话，那辆车也许确确实实就是一辆不值钱的破车，它的轮胎也许已经磨损得不像样了，它烧起汽油来也许比柴油引擎还要多，车里的气味也许很难闻，总而言之，它就是一辆破车。但这种大实话销售员绝对不能说，因为这是客户的车，客户可能很爱这辆汽车，毕竟开了这么多年，多少总会有点感情。即便不喜欢这辆车，也只有客户自己有资格来评价这辆车。如果销售员先开口说这辆汽车如何如何糟糕，这无疑是在侮辱汽车的主人，不知不觉中已经伤害了客户的自尊心。这样，还能向客户销售吗？想想这些，销售员还敢说客户用过的东西不好吗？

有时，客户会说自己的东西不好，比如说："这辆车太破，想买辆新车。"这时销售员也不能跟着附和："你这车确实够破了，早该换辆新车。"特别是在谈及孩子时，当客户说他的孩子太淘气时，销售员若顺着客户的话说："是够淘气的"，那销售员就休想让客户买产品了，销售员可以说："聪明的孩子都淘气。"

诚实，是推销的最佳策略，而且是唯一策略，但绝对的诚实却是愚蠢的。推销容许谎言，这就是推销中的"善意谎言"原则，乔·吉拉德对此认识深刻。

乔·吉拉德说：

"诚实只是你在工作中用来追求最大利益的工具。因此，诚实有一个度的问题。"

他还说：

"推销过程中有时需要说实话，一是一，二是二。说实话往往对销售员有好处，尤其是销售员所说的，顾客事后可以查证的事。"

他举例说："任何一个头脑清醒的人都不会在卖给顾客一辆六汽缸的车

时，告诉对方他买的车有八个汽缸。顾客只要一掀开车盖，数数配电线，你就死定了。"

如果顾客和他的太太、儿子一起来看车，乔·吉拉德会对顾客说："你这个小孩真可爱。"这个小孩也可能是有史以来最难看的小孩，但是如果想要赚到钱，就绝对可以这么说。

乔·吉拉德善于把握诚实与奉承的关系。尽管顾客知道乔·吉拉德所说的不全是真话，但他们还是喜欢听人拍马屁。少许几句赞美，可以使气氛变得更愉快，没有敌意，推销也就更容易成交。

有时，乔·吉拉德甚至还撒一点小谎。

乔·吉拉德见到过有的销售员因为告诉了顾客实话，不肯撒个小谎，平白失去了生意。

顾客问销售员他的旧车可以折合多少钱，有的销售员粗鲁地说："这种破车。"

乔·吉拉德绝不会这样，他会撒个小谎，告诉顾客，一辆车能开上12万公里，他的驾驶技术的确高人一等。

这些话使顾客开心，能赢得顾客的好感。

赞美式套话并非人人皆宜

让别人喜欢你、信任你、对你感兴趣，你在销售中就可以达到顶尖的成就。

——汤姆·霍普金斯

杰克刚刚进入推销行业不久，还是一个处于学习阶段的实习员工。

一天，一位推销行业的前辈带他去上门推销，希望他能够在实际工作中尽快学到一些经验。

杰克十分崇拜前辈，对前辈的一言一行也都仔细观察，用心记忆。一

第10章 找准赞美点，客户露笑脸——赞美口才的训练

天，他发现前辈刚一看到约见的客户，就笑容满面地说："我听说您最近又做了不少善事，真是心地善良的人啊，那些穷苦的人能够遇见您，真是他们的幸运。"

本来是一脸严肃的客户听见这句话，立即喜笑颜开地说："哪里哪里，这是应该的。"

于是下面洽谈的气氛也就变得融洽了许多，曾经遭到过很多次拒绝的生意现在也就谈成了。杰克经过仔细分析，认为是前辈的那句赞扬的话起到了关键作用，于是认真地将这句话记到了笔记本上。

不久后，那位前辈终于同意让杰克单独去执行任务了。他的第一个客户是一个玩具商，在见到这位客户之前，杰克做了大量的准备，包括如何将寒暄引入正题，如何说服客户等等。在自认为准备得十分充分之后，他敲开了玩具商的门。

杰克见到玩具商一脸严肃，决定先缓和一下气氛，于是他故作兴奋地说："我听说您最近又做了不少善事，真是心地善良的人啊，那些穷苦的人能够遇见您，真是他们的幸运。"

玩具商听了这些赞扬目瞪口呆，心想：我最近根本就没做任何善事，这位销售员肯定是记错人了，我不能允许这样一个不重视我的人出现在我的办公室里。于是玩具商说："先生，恐怕你是认错人了，我很忙，请回吧！"

就这样，杰克还没有进门，就被对方拒之门外了。

这两个实例前后一成一败，也说明了这样一个道理：赞美一定要建立在真实的基础之上，尽管人人都希望被赞美，但当赞美的话语中有一些不符合现实的东西时，被赞美的人往往会产生"他说的是我吗？"的疑惑，同时也会得出"这是一个虚伪的人，他所说的话不值得信任，他的商品更不值得信任"的结论。一旦客户得出这样的结论，接下来你无论是多么的能言善辩，都将是徒劳的。

借用他人的话来赞美客户

> 在推销中,要善于捕捉并利用一切对你有利东西,让这些正面的因素帮助你走向成功。
>
> ——马里奥·欧霍文

我们来看看销售员陈小姐是如何借用他人的话来赞美准客户李经理的:

陈小姐:"李经理,您早。今天的天气太好了!"

李经理说:"是啊!空气很好,北京的冬天像这个样子的可不多见呀!"

陈小姐说:"是啊!李经理,您正在做重要工作,这时打扰您,真不好意思。早听说您年轻有为,为人正直,很讲信誉,大家都很敬慕您。"

李经理说:"我们经销部的宗旨就是:顾客是上帝。因此,恪守信誉是我们的第一目标。"陈小姐便说:"我们真应该向贵方多学习,多请教。"

就这样,陈小姐在寒暄与间接的赞美中打开了客户的话匣子,也成功地消除了顾客的戒备与抵触心理,为下一步的推销工作打下了良好的基础。

有时候,借用第三者的口吻去赞美客户会更有说服力。比如说:"怪不得小李说您越来越漂亮了,刚开始我还不相信,这回一见可真让我信服了。"这样的赞美对客户来说就比直接说:"您真是越长越漂亮了"的效果要好得多,而且还可以避免恭维、奉承之嫌,对方听了心里也会感觉更舒服。

间接地赞美客户有时能够获得比直接赞美客户更好的效果。

在平时接触客户的过程中,你可以尝试着多运用一下这些间接的赞美方式:

"您好,××先生。今天早上,我听您的一位同事介绍说您在这一行里面有非常专业的知识,而且您对人特别友好,非常和蔼。"

"王先生,您好,我是你的老朋友张先生介绍来的,据说王先生聪明能干,不到30岁就开了好几家公司,手下的员工就有好几千。特别是王先生在事业成功的同时,也非常关心员工的福利待遇。今天我来的目的就是向王先生介绍本公司的职工意外健康保险,我们现在就开始好吗?"

"您的经理上回跟我说,您的工作又快又好,让您办事,他最放心。"

"您的员工们跟我说,您不但能干,有魄力,而且特别宽宏大量,跟您干是对了!"

"怪不得小李说您越来越漂亮了,刚开始还不相信,现在看来果然如此啊!"

"听朋友说您是位学识渊博且非常谦虚的人,果不其然。才听您说了几句话,我就感受到您从语言里渗透出来的人格魅力。"

 ## 真诚谦虚地请教是更高层次的赞美

> 我们每个人都自我感觉良好,别人也这么想。无论见到什么人,你都应该竭力想象他身上显现着一种看不见的信号:让其感觉自己很重要。
>
> ——玫琳·凯·艾施

真诚地请教对方往往是打开交际大门的一把钥匙,因为在某种程度上,请教就意味着赞美和承认。

通常人们都会向比自己高明的人请教,换句话说,当你向别人请教问题的时候,就相当于在心理上认同了被请教对象是一个比较高明的人物,或者是一个专业人士,这样做会产生什么效果呢?

长岛有一位汽车商人就是利用请教的技巧,把一辆二手汽车成功地卖给了一位苏格兰人。

这位商人带着那位"苏格兰佬"看过一辆又一辆的车子,但对方总是不满意。老是抱怨这不适合，那不好用，价格又太高。在这种情况下，这个商人就停止了向那位"苏格兰佬"的推销，而让他自己去选择。

几天之后，当有位顾客希望把他的旧车子换一辆新的时，这位商人就又打电话给"苏格兰佬"，请他过来帮个忙，提供一点建议，他知道这辆旧车子对"苏格兰佬"可能很有吸引力。

"苏格兰佬"来了之后，汽车商说："你是个很精明的买主，你懂得车子的价值。能不能请你看看这辆车子，试试它的性能，然后再告诉我这辆车子别人应该出价多少才合算？"

"苏格兰佬"的脸上泛起笑容，很高兴地把车开了一圈又转回来。"如果别人能以300元买下这辆车子，"他建议说："那他就买对了。"

"如果我能以这个价钱把它卖给你，你是否愿意买它？"这位商人问道。结果，事情出奇地顺利，这笔生意就这样立刻成交了。

请教就相当于赞美，在推销时，去赞美客户的能力、知识等高人一等，就是让对方产生一种满足感，并且往往还会据此来重新审视你向他们推销的产品，这时候他们购买的概率也就大大提高了。

 ## 给竞争对手一个赞美

告诉你的客户你有多么好，不要给他说你的竞争对手有多坏。还没有人从诋毁别人中取得长期竞争优势。

——Helzdl，美国管理学者

永远要了解竞争对手为什么成功，以及他曾经犯过哪些错误。要成功必须要做成功者所做的事情，同时也必须了解失败者做了哪些事情，并且让自己不要再犯类似的错误。

销售员在与竞争的产品作比较时，务必要诚实，不要批评自己的竞争对手，因为批评自己的对手可能导致顾客反感，比如顾客正在使用竞争对手的

第10章 找准赞美点,客户露笑脸——赞美口才的训练

产品,而且又非常喜欢。那么,你对竞争产品的攻击就很可能会导致顾客的不满。因此,最好的办法是赞美你的竞争对手,这是最有说服力的。当你在推销过程中,遇到竞争对手时,要做到以下几点:

绝对不要说他们任何坏话,即使准客户自己说了他们的坏话你也不可附和;

称赞他们是卓越的竞争对手;

表示敬意;

强调你的优点而非他们的缺点;

展示你与他们的不同之处,展示你的优点如何强过他们;

展示一封中途决定向你购买的客户给你的感谢信;

自始至终保持你的道德操守与事业上的气质——即使这意味着咬紧牙关,就算流血也要三缄其口;

千万不要批评你的竞争对手,要赞美对方。竞争对手是你学习的对象,因为是他们的竞争使你成长更快。

记住乔·吉拉德的告诫:永远比你的竞争对手更努力,你就一定会成功。

 **练口才　做销售**

如果你能灵活运用以下10个法则,衷心的赞美将会引导你与客户的销售进程。直接的赞美使人感觉愉快,间接赞美则常超越愉悦,令对方获得意料之外的惊喜。

称赞对方不太显著的优点。察觉出对方大而易见的长处,不如发现对方小而可取之处,这能令人感到更加开心。

(1)使用具体的赞美。具体明确地将对方的优点提出来,更容易流露出赞美者的关心与真诚。

(2)避免绝对的赞美词。夸张的赞美会使人感到被愚弄,委婉贴切的话语则常使人喜不自胜。

（3）尽可能把对客户的赞美跟他以往使用的产品结合在一起。请永远记住：随时随处赞美别人。

（4）要记住，人们之所以购买，是因为他们感到高兴。你的感觉是会传染的，你要宁可做一位传播者，让他们成为捕捉者。人们喜欢在他们感到愉快的地方进行交易。

（5）喊对方的名字！他们会觉得这是世界上最悦耳的音符。设法记住客户的姓名、职称等，在谈话中一有机会就提及。

（6）对他喜爱的事物，由衷地表示你也喜爱。

（7）引发对方的兴趣，让他多讲自己感兴趣的话题。凝神倾听，鼓励他说出自己的心声。

（8）微笑。微笑是世界上最好的礼物。

（9）认同他，并表达你感激的心情。有时只要一点"感激"，便能带给别人无比的喜悦和信心。

（10）用一个真诚的眼神、一个友善的行为或任何方式创造出愉悦的气氛，让客户打开内心世界接受你、喜爱你。

第11章
化解客户的异议,赢得客户的信任
——化解客户异议口才的训练

一流的销售人员会用产品与服务来解决问题,去化解客户的异议,帮助客户达到目标。只有为客户的利益出谋划策,才能得到客户的信任与尊重。销售员能够让客户感到,一切的服务都是为客户着想,客户就是上帝。聪明的推销员都懂得这一点,在面对客户的异议和不满时,会运用巧妙的方法化解危机,避免争吵。将顾客的利益放在首位,也是在为销售员自己赢得利益。

做好应付客户异议的准备

收入可以以其他形式出现,其中最令人愉快的是顾客脸上出现满意的微笑,这比什么都值得,因为它意味着他的再次光顾,甚至可能带个朋友来。

——雷·克罗克

一位优秀的销售员,在访问之前要做好两种准备:一是做好应付客户异议的心理上的准备;二是做好针对异议内容的策略上的准备。

策略上的准备应该包括以下方面:

(1)充分了解自己的产品、价格、交易条件及企业的销售政策,特别是对所销售商品的性能、优缺点、使用和维修保养方法等内容必须了如指掌,烂熟于心。做不到这点是销售员的失职。

(2)了解市场动态,掌握同类产品的行情和同行竞争对手的情况以及自己所销售产品的供求趋势等。因为客户会拿你的产品和你对手的产品作比较的,你要想好怎么对他说。

(3)要对客户的个人情况、交易对方单位的业务情况有所了解,并根据自己的实践经验想一想他们可能会提出什么样的异议,然后在心里模拟着回答这些问题。

客户提出异议的范围是十分广泛的,一般说来,客户异议可能涉及的内容都是你应当了解掌握的。当然,你不可能预测到客户的每一个异议,但是只要用心去做,十有八九你还是能想到的。用点时间吧,储存一些答案,随时备用。

对于哭诉型的异议,包括他的借口、实际的原因或想象的理由以及其他推托之辞。

处理的方法是，加入同情的成分。先让客人畅所欲言，提供给他宽阔的肩膀，然后你再作出回应。许多时候，回答客户的异议就好比玩扑克牌时把对家的王牌吃掉一样。你或许回应了客户的反对意见，不过他们会觉得你太直接、太自以为是。而同情的成分，往往具有缓和的作用。

许多成功的销售员都会这一招。比方说："我知道价格可能稍微高了点，不过通货膨胀对我们的影响实在很大。我能够体会你预算的考虑。这样吧，我会提供轻松的付款方式，让我们皆大欢喜。"

用一些"我同情""我了解""我懂你的意思""我也有这种感觉"之类的字眼。这些字眼表示你真的了解，你也很开心，并认同他提出的异议（不论是价格、尺寸、颜色还是款式等等），不过你会确保各方面都能令他满意。提供宽阔的肩膀、同情的心态，来解除更多客户的疑惑、犹豫，甚至敌意，而不是无情地指出冷硬的事实。

处理异议要遵循的四个原则

> 没有商品这样的东西。顾客真正购买的不是商品，而是解决问题的办法。
>
> ——特德·莱维特

在一家鞋店，顾客挑剔地对老板说："这双鞋子后跟太高了。"老板再拿出一双递给她，她说："这种式样我不喜欢。"老板又拿出一双，她又莫名其妙地说："我的右脚比较大，很难找到合适的鞋子。"这时，老板才开口说了一声："请等一下！"便转身进到里面，拿出另外一双鞋子说："我想这双鞋子您一定会满意，请您试穿看看。"顾客半信半疑地试穿那双鞋子，果然如老板所说的那样鞋子令她非常满意，于是高兴地说："这双鞋子好像专为我做的一样。"买下带回去了。

以上例子说明：一个销售员要想获得成功，必须正确对待和处理顾客的异议。在处理异议时至少要遵循以下四个原则：

第一，要听顾客讲完。

顾客不断地提出异议，其实就为你提供了说服他的资料。刚才所说的那位鞋店老板，就深谙这种道理，尽量让对方说出她想要说的话，等她把心中所想的全部显露出来，丧失提出问题的资料时，就会按照己方的意愿进行，而成功地卖出适合顾客的鞋子。如果顾客说了几句，销售员就还以一大堆反驳的话，不仅打断了顾客的讲话而使顾客感到生气，而且还会向对方透露出许多情报。当对方掌握了这些信息后，销售员就处在不利的地位，顾客便会想出许多拒绝购买的理由。结果当然就不可能达成交易。

第二，不要跟顾客争论。

这包含着很深刻的含义，顾客提出异议意味着他需要更多的信息。一旦与顾客发生争论，拿出各种各样的理由来压服顾客，销售员即使在争论中取胜，也会彻底失去成交的机会。

第三，突破异议时不要攻击顾客。

销售员在遇到异议时，必须把顾客和他们的异议分开，也就是说，要把顾客自身同他们提出的每一个异议区别开来。这样，你在突破异议时才不会伤害到顾客。要理解顾客提出异议时的心理，要注意保护顾客的自尊心。如果你说他们的异议不明智、没道理，你就是在打击对方的情绪，伤害他们的自尊心，尽管你在逻辑的战斗中取胜，但你在感情的战斗中却失败了，你不可能获得成功。

第四，要引导顾客回答他们自己的异议。

成功的销售员总是诱使顾客回答他们自己的异议。有一句推销格言："如果你说出来，他们会怀疑；如果他们说出来，那就是真的。"顾客提出异议说明在他们的内心深处想购买，销售员只要引导他们如何购买就行了。在本文的例子中，鞋店老板就成功地运用了这条原则。只要你在这方面努力，给顾客时间，引导他们，大多数顾客会回答他们自己的异议的。

第11章 化解客户的异议，赢得客户的信任——化解客户异议口才的训练

 ## 化解客户的"不满"噪音

> 客户不是寻找产品，而是寻找解决方案，是寻找更方便的解决方案，更好的解决方案。随着人们对响应速度要求的提高，人们对方便完整的解决方案的需求变得更加强烈。
>
> ——David bovet，美知管理顾问

客户无来由的拒绝、情绪化的怨气、无理的指责，就是推销中的噪音。

"你们产品的质量怎么这样差呀！"

"上次维修你们怎么搞的？"

"我们不要！"

"我们一直用A品牌，挺好的！"

"今年的预算已经用完了，明年再说吧。"

拒绝和挑剔无处不在。相当多的推销新手，就是因为无法忍受这些噪音，最终放弃了美好的推销生涯。

客户是人，人是感性基础上的理性动物。所以，客户的噪音很少来源于理性的思考，更多是基于感性上的条件反射，是客户当时心态、情绪和彼此亲疏远近关系的体现。这就决定了我们不能以完全感性的态度和方式来对待它，而是要理性地分析和思考，发现其感性的根源，然后予以解决。

在分析噪音时，要明白噪音本身没有任何意义，有意义的是它暗含的意思和指向。

"你们产品的质量怎么这样差呀"——其实故障在合理范围内，只是心存不满。

"上次你们的维修是怎么搞的"——我因此受到批评了，你们这么搞，让我很难做……"

从噪音中抓住客户的潜台词是困难但又很重要的一步。

另外，噪音的存在说明双方的沟通刚刚开始或者沟通不足，解决沟通的问题就是灭除噪音之道。

我们需要从心理上消除噪音对自己的不良影响，从积极的方向去理解它，而后才能理性地解决这个非理性的问题。简而言之，就是要以平和之心消除对方的浮怨之气，达到互感真诚的境界。

1. 保持内心的平静

从心里忽略这些过激言行，尽量保持内心的平静，避免刺激对方，从心理上为化解不愉快的局面做好准备。

2. 表现出倾听的姿态

以传达端正的态度和诚恳解决问题的愿望，让客户感觉被重视和受尊重。仔细听其言，观其行，从纷繁的噪音中收集解决问题所需要的信息。

3. 换位思考

一方面发现客户不满的深层原因和言外之意，从而达到心领神会的效果；另一方面理解客户的难处，从表面的消极言行中挖掘出积极的善意，体会客户的善良本意。

4. 说出自己的真实感受

明白无误地指出对方的善良本意，客户会因为你的理解而平息大部分怨气。而后你就可以得到充足的时间和机会陈述你的合理原因和解释。

通过以上步骤，"忽略过激言行"做好心理准备，"倾听"收集信息，"换位思考"理解客户、发掘其善良本意，"说出真实感受"指出善良本意、呈献真诚并说明真实情况，一个灭噪过程就基本完成了。

 ## 处理客户异议的语言技巧

第一条：客户永远是对的；第二条：如果客户错了，请参照第一条。

——沃尔玛的客户服务理念

第11章 化解客户的异议，赢得客户的信任——化解客户异议口才的训练

根据不同客户的反对意见，销售人员应选择相应的处理方式，并加以解释和说明。这种回答和解释的过程实质上就是说服的过程。在这个过程中，销售人员绝对不能把反对意见变为对销售有影响的负面效应，失掉销售时机。

1. "YES"—"BUT"法

以"YES"的回答来接受客户的意见，接着用"BUT"的方式来陈述反对的意见。

例如："您刚才说睫毛膏用上去比较干，是的，如果您每次使用之前来回拉动几下，就可以让膏体充分附着在杆上，那样就不会感到干了""我理解您的感觉，不过……"

2. 先发制人法

当客户可能要提出某些反对意见时，最好的办法就是自己先把它们指出来，然后采取自问自答的方式，主动消除对方的异议。这样不仅能避免客户反对意见的产生，而且销售员坦率地指出商品存在的某些不足还能给客户一种诚实、可靠的印象，从而赢得客户的信任。但是，销售员千万不要给自己留下绊脚石，要记住：在主动提出商品不足之处的同时，也要给客户一个合理、圆满的解释。

例如："您现在可能在考虑压力是否过大了，不过您不必担心，这个安全阀的作用正是防止压力过大的。"

3. 询问法

从客户的反对意见中找出让对方误解的地方，再以询问的方式来征询意见。

例如，一位客户正在观看一把塑料把柄的锯，问道："为什么这把锯的把柄要用塑料的面而不用金属的呢？看起来像是为了降低成本。"

销售员："我明白您说的意思，但是，改用塑料柄绝不是为了降低成本。您看，这种塑料是很坚硬的，和金属一样安全可靠。您使用的时候是喜欢又笨重，价格又贵的产品呢？还是喜欢用既轻便，价格又很便宜的呢？"

4. 引用比喻法

这是指通过介绍事实或引用比喻以及使用展示等（如赠阅宣传资料、商

品演示）手法，用较生动的方式消除客户的疑虑。

例如，针对客户的疑惑："一张好好的脸上抹那么多层化妆品，那还不抹坏了呀！"销售员可以这样回答："您看藏在很多层衣服里面的皮肤，因为衣服阻隔了大部分的阳光照射和空气中的粉尘、污垢，不容易受到伤害，所以就细嫩。但是面部皮肤就不一样了，它会经常受到阳光的曝晒导致黑斑的产生，皮脂腺分泌出的油脂沾上了空气中的粉尘和污垢之后，就很容易阻塞毛细孔，使皮肤产生黑黄色素、面疱、粉刺和过敏等问题。所以我们应该给面部皮肤穿上相对较厚的'衣服'。"

找出客户异议背后的真实意图

还没有任何人在和客户的吵架中获胜。

——Sebastian，德国管理顾问

当客户真正对你的产品产生兴趣而又拿不定主意是买还是不买时，他们就会提出相应的异议，这些异议可能正是他们将要购买的一种信号。如果销售员对此处理得当的话，随后的成交就很有希望。

实际上，很多反对意见的背后都潜藏着客户渴望了解更多信息的真实意图。下面就是一些这样的例子：

异议：我不觉得这价钱代表着"一分价钱一分货"。

真实意图：除非你能证明你的产品物有所值。

异议：这尺寸看起来对我不大合适。

真实意图：除非你能证明我穿上大小、长短正合身。

异议：我从未听过你的公司。

真实意图：我愿意买你的货，但我想知道你的公司是否有信誉、值得信赖。

异议：我正在减少开支，所以我不想买任何新产品。

第11章 化解客户的异议,赢得客户的信任——化解客户异议口才的训练

真实意图:除非你能使我确信你的产品真是我需要的,不然我是不会掏钱购买的。

异议:我只想四处逛逛,看看有没有什么别的合适产品。

真实意图:你要是能说服,我就买。否则,我就当是在散步。

客户们表达出的异议或许是出于各种不同的考虑,如果你找不出他们的真正用意,那你就会错过很多本来有可能成交的生意。

保罗是一名股票经纪人,他正试图推销ATR公司的5000股股票。而他的潜在客户吉姆刚巧是他的邻居和好朋友。一开始,吉姆就对保罗提出了相左的意见,他说他只会对那些盈利的公司进行投资。

"ATR公司的股票今年下跌了5个百分点呢。"吉姆说。

"是的。"保罗赶紧回答说,"不过,它们的股票不会再贬值了。我们的股市分析家估计这些股票明年会上升8个百分点。"

"我不相信,除非我亲眼看到。那家公司已经有2年3个月没有盈利了。"吉姆又说。

那么,吉姆表示出这种异议的真正原因到底是什么呢?原来,他的一个外甥也在推销股票,迫于对方的压力,他准备让外甥做他们的经纪人。但是,他又不想伤害保罗的感情,因为他们已经合作了20年之久。吉姆一味推托说明了他不知道如何去拒绝老朋友而不至于伤面子。可想而知,在这种情况下,即使保罗使出浑身解数,也是不可能说服吉姆的,因为他所说的一切都和吉姆的真正意图毫不相干。

也许辨别客户异议的最好办法就是当你提供肯定确凿的答案的时候,去留心观察对方的反应。一般说来,他们要是无动于衷的话,那就表明他们没有告诉你真正的异议。

另外需要注意的是,当客户对你提出一系列毫不相干的异议时,他们很可能是在掩饰那些真正困扰他们的原因。如果你懂得"要是不想购买的话,没有人会提出如此之多的真正异议",那你就可以提一些问题,以便揭示出客户内心的真实意图。

太极法处理客户的异议

  即使赠品是一张纸,顾客也是高兴的。如果没有赠品,就赠送"笑容"。

——松下幸之助

  经销店老板:"贵企业把太多的钱花在做广告上,为什么不把钱省下来作为进货的折扣,让我们的利润高一些?"销售人员:"就是因为我们投下了大量的广告费用,客户才会被吸引到指定地点购买指定品牌,不但能节省您销售的时间,同时还能顺便销售其他的产品,您的总利润还是最大的吧!"

  太极法用在销售上的基本做法是当客户提出某些不购买的异议时,销售人员能立刻回复说:"这正是我认为您要购买的理由!"也就是销售人员能立即将客户的反对意见直接转换成他必须购买的理由。

  我们在日常生活上也经常碰到类似太极法的说辞。例如主管劝酒时,您说不会喝,主管立刻回答说:"就是因为不会喝,才要多喝多练习。"您想邀请女朋友出去玩,女朋友推托心情不好,不想出去,您会说:"就是因为心情不好,所以才需要出去散散心!"这些处理异议的方式都可归类于太极法。

  客户:"收入少,没有钱买保险。"

  销售员:"就是因为收入少,才更需要购买保险以获得保障。"

  太极法能处理的异议多半是客户通常并不十分坚持的异议,特别是客户的一些借口,太极法最大的目的是让销售人员能借处理异议而迅速陈述他能带给客户的利益,以引起客户的注意。

第11章 化解客户的异议，赢得客户的信任——化解客户异议口才的训练

 # 间接反驳法处理客户的异议

> 销售前的奉承，不如售后服务。这是制造"永久顾客"的不二法则。
>
> ——松下幸之助

直接反驳客户容易使双方沟通的氛围变得僵化而不友好，虽然有时可以说服客户，但容易使客户产生敌对的心理，不利于客户接纳销售员的意见和建议。所以，如果可能的话，销售员应尽量采用间接反驳法来代替直接反驳。

间接反驳客户指的是销售员在听完客户的异议后，先肯定对方异议的某一方面，再陈述自己的反对意见，这种方法又叫做迂回否定法。

比如，当客户说："你们这个项目，并不如你说的那么完美，其中还有不少的漏洞存在。"如果销售员直接反驳："孙经理，你错了。你根本没有听明白我的意思。"这样必然会引起对方的不快，给对方造成心理压力。如果销售员这样说："孙经理，您说得对，一般客户在看待这个问题时，会有和您相同的看法。即使我自己，也会这样想。但如果仔细想一想，再深入研究一下，您就会发现……"这样间接的反驳法，就容易扭转客户的想法，逐渐让客户同意你的说法。

使用间接反驳法，具体可以通过以下两种形式来进行。

1.转化异议

这种方法指的是利用客户的异议作为说服客户购买的理由，虽然也是反驳，但更容易被客户接受，并且是直接转入问题。

客户说："很抱歉，我财力有限，现在没钱购买。"

销售员："孙经理，可不要这么说，我想正因为财力有限，现在才是更好的机会。现在房价上涨得这么快，能赶早就不赶晚啊。"

2.肯定形式,否定实质

每个人都渴望被理解和认同,间接反驳客户可以先从对方的意见中找出彼此同意的内容,予以肯定,产生共鸣。之后,再借势说出你的不同看法。这里肯定的只是次要的部分,否定的是问题的本质,但这样就比较容易被对方接受和认同。

信任是交易的开始

在第一次与客户接触时,与客户间建立信任或好感的桥梁是至关重要的。同时,应该先点明客户对这份产品需求的迫切性,进而引起客户的购买欲望。

——马里奥·欧霍文

客户对你的信任是非常重要的,因为信任是交易的开始。

1.运用恭维的说法

"明天我去拜访你,方便吗?"

客户一听可能会马上回答:"不方便。"

那么你所做的就是无用功。

"××经理,您有没有兴趣了解××,如果有兴趣的话,明天我亲自拜访您,不过这样会耽误您10分钟时间,不知道可不可以呢?"客户可能会回答:"20分钟也可以。"

这样你就有可能面临着交易。

应避免用生硬的话语与客户说话,不然客户总有点压迫感。初次打交道时,首先要让客户对你的言辞产生一定的信任感,那样你才算得上是个合格的销售员。

2.会察言观色

"察言观色"在推销过程中,是刚进入成交阶段的一个关键。因为销售员必须正确把握客户购买心理的5个阶段,促使成交。这5个阶段是:① 注意;②兴趣;③欲望;④记忆;⑤行动。

"噢!"或"哇!"惊讶的表情——表示可能已引起顾客注意。

"嗯!"欣赏的表情、手拿说明书——表示已有兴趣。

专心地看说明书或提出有关问题——表示产生欲望。

眼睛飘浮,显示在思考——不论顾客现在是否正与其他公司产品做比较,或想象使用的快感,顾客内心似乎已留有印象。

3. 对自己的产品有信心

进行推销后,客户的心意转变,开始对商品表示有兴趣时,便轮到你介绍商品了。介绍商品最重要的是首先要对自己的产品树立自信心,进而才能引起对方对产品的信任。

对自己的产品都没有信心,当将其介绍给客户时,自己一点也不熟悉,客户一定会想:"连自己的产品都不熟悉,怎么让我买?"

介绍产品时,开始可运用一些开场白缓和彼此间的陌生感,如"天气很不错""孩子真可爱"之类的话,而后再进一步引起顾客的兴趣,态度轻松自然地开始介绍商品,会让客户感觉到你对自己的产品很有信心,随后客户也会莫名其妙地进入你的"频道"之中。

 **练口才　做销售**

在处理客户异议的过程中,一定要在遣词造句上下些功夫。有一些关键词汇是客户非常愿意从你那里听到的,所以你务必要充分理解这些关键词汇的重要性。

1. "您好,我可以帮您做些什么吗?"

这种开放式的询问可以获得客户的好感,也能引起客户谈话的兴趣。因为你是在提供"帮助",而不是"兜售"商品。人们都希望被帮助、被服务,以这样的提问开头,你就可以以一种积极的语调开始谈话。

2."您的问题,我们完全可以解决。"

客户与你沟通的真正目的是要"买到"解决问题的方法。他们喜欢你用他们能理解的语言直接回答他们的问题。

3."虽然我现在给不了您要的答案,但我一定会尽快解决。"

如果客户提出的问题比较刁钻,你一时难以解决的话,就应该坦白地告诉他你不知道答案。在对所有的事实没有把握的情况下贸然地回答客户的提问,只会让你的信誉损失得更大。为了测试对方是否讲诚信,精明的买家有时会故意提出一个你无法解决的问题。在这种情况下,最好是给客户一个诚实的回答以提高你的信誉。

4."我们一定会满足您的要求。"

告诉你的客户,令客户满意是你的责任。要让客户知道你们知晓他需要什么样的产品或服务,并会按照双方都同意的价格提供这种产品或服务。

5."我们将随时为您提供最新信息。"

客户最信赖的销售员就是那种能为他们及时提供最新消息的人,不管是好消息还是坏消息。因此,你要让客户知道你将随时为他提供有关订货方面的最新信息。订货至交货的时间越长,这种信息的及时更新就越重要。

6."我们保证按期交货。"

约定的交货日期是你必须履行的诺言,即使"差不多"也不行。星期一就是星期一,5月的第一周就是5月的第一周,即使期间包含有国家法定假期。客户想听到的是:"我们会按时交货。"能够始终如一做到这一点的人很少,如果你做到了,那么客户就会记住你。

7."非常感谢您能接受我们的服务。"

说这句话的效果比简单地说句"谢谢您的订货"的效果要好得多。你还可以通过交易完成后的电话联系热情地回答客户的问题,并以此来表明你对客户的谢意。

所以说,销售员在与客户沟通时,如果能频繁地使用让客户高兴的词语,就会向客户传达了这样一条信息:你是在真正地关心客户!这种方式能表明你对他们的诚意,会说服客户再次购买你的商品或服务,除此之外,客户还会把你和你的公司热心地推荐给其他人。

第12章
摆平价格战，话语藏机锋
——讨价还价口才的训练

销售员在洽谈的过程中，要切记的原则是：一定要避免过早地提出价格问题。不论产品的价格多么公平合理，只要客户购买这种产品，他就要付出一定的经济代价。正是由于这种原因，起码应等客户对产品的价值有所认识后，你才能与他讨论价格问题。如果在此之前就与客户讨论价格，那就有可能打消他的购买欲望，因为产品的价格本身是不能激起客户的购买欲望的。只有使客户充分认识到产品的价值，才能激起他们强烈的购买欲望。客户的购买欲望越强烈，他们对价格的考虑就越少。所以，销售员在商谈中要尽量先谈产品价值，后谈价格。

多谈产品的价值，少谈产品的价格

> 价格高低，不在价格本身，而在客户从产品上获得利益的大小。
>
> ——乔·吉拉德

在销售洽谈中，要求销售员多谈产品价值方面的话题，尽量少提价格方面的话题。这是因为，在交易中，价格是涉及双方利益的关键，是最为敏感的内容，所以谈价格容易造成僵局。化解这一僵局最好的办法是多强调产品给客户带来的实惠，能满足客户的需求。销售理论研究表明：价格是具有相对性的，往往客户越急需某种产品，他就越不计较价格；产品给客户带来的利益越大，客户考虑价格因素就越少。因此，要多谈产品的价值，少谈产品的价格。

有一位客户到家具店购买一把办公椅子，销售员带客户看了一圈。

客户："那把椅子价钱怎么算？"

销售员："600元。"

客户："这一把为什么比较贵，隔壁有一把和这个看起来差不多，只要250元。而且从我们外行看来觉得这一把应该更便宜才对！因为那一把确实比较漂亮。"

销售员："这一把进货的成本就快要600元了，只赚您50元。"

客户："为什么这把椅子要卖600元？"

销售员："先生，请您坐下来亲身体验一下。"

客户依着他的话，坐了一下，感觉比250元的那款稍微硬一些，坐起来还蛮舒服的。

销售员看客户试坐完椅子后，接着告诉客户：

第12章 摆平价格战，话语藏机锋——讨价还价口才的训练

"250元的那把椅子坐起来较软，您觉得很舒服，而600元的椅子您坐起来却觉得不是那么软，这是因为椅子内的弹簧数是不一样的，我们这款椅子由于弹簧数较多，绝对不会因变形而影响到坐姿。不良的坐姿会让人的脊椎骨侧弯，很多人腰痛就是由长期的不良坐姿而引起的。而且就这把椅子来说，光是弹簧的成本就要多出将近100元。同时这把椅子旋转的支架是纯钢的，它比一般非纯钢的椅子寿命要长1倍，不会因为过重的体重或长期的旋转而磨损、松脱，这一部分坏了，椅子也就报废了，因此，这把椅子的平均使用年限要比那把多1倍。"

"另外，这把椅子虽然看起来不如那把那么豪华，但它完全是依人体工程科学来设计的，坐起来虽然不是软绵绵的，却能让您坐很长时间都不会感到疲倦。一把好的椅子对成年累月坐在椅子上办公的人来说，实在是非常重要。这把椅子虽然不是那么显眼，却是一把精心设计的椅子。那把250元的椅子很好看，但是质量就差了一点。"

客户在听了这位销售员的说明后，心里想：还好只贵350元，但是为了保护我的脊椎，就是贵800元我也会购买这把较贵的椅子。

 ## 优势比较法解除客户价格疑虑

我经常为便宜买来的东西生气，却很少为很贵买来的东西恼火。

——西蒙，德国管理大师

在处理价格难题时，如果客户提出价格太高，销售员应接过对方的问题，多向对方介绍产品的优点、功能、效用等，此时必须强调"一分钱，一分货"，通过对产品的详细分析使客户认识到他花这么多钱是值得的。

例如，一位女士想购买××牌美容霜，但又觉得太贵（180元钱一瓶），有点舍不得，便产生了顾虑。

看到客户犹豫不决，销售员说道："小姐，您不知道，这种××牌美容霜含有从灵芝、银耳、鹿茸中提取的特殊生物素，具有调节和改善皮肤组织细胞代谢作用的特殊功效。它可以消除皱纹，使粗糙的皮肤变得细腻，并能保持皮肤的洁白、柔嫩，使皮肤富有弹性与光泽，从而达到美容的目的。况且，它的用量很少，一天只需使用一次，一瓶可使用半年，并且适用于各种类型的皮肤。"那位女士听了这番细致的解释后，心里的价格障碍也就随之烟消云散了。

一般情况下，客户在购买决定做出之前，都会详细比较产品的性能、功效、款式，并向销售员提出价格异议。

"你们的产品怎么这么贵？人家的同类产品却要便宜得多。"遇到这种情况时，销售员可采取比较优势的方法，突出自家产品所拥有的独特优势与卖点。

例如，仪表成套设备销售员可以这样对客户说："我们这套温度控制系统的确要比其他厂家的同类型产品贵一些，但是我们的产品有着与众不同的优点：其一，产品检测记录的控制精度能够达到0.1度，既能保证你们的产品质量，又能节约电耗；其二是对安装地点的环境要求不高；其三是仪表可靠性高，平均无故障工作时间可达8年以上；其四是仪表的更新维修十分方便。这些特点，其他厂家的同类型产品都是无法相比的。"通过这一番比较，客户会觉得多花500元是值得的，因而也就不在价格问题上纠缠不休了。

此外，销售员还可以向客户比较非产品优势，如免费调试安装、分期付款、随时提供上门维修服务等，因此，优势比较法是解除客户价格疑虑的重要方法。

耐心地应对价格挑剔者

没有任何一个地方比错误定价更让你白白送钱给别人。

——西蒙，德国管理大师

第12章 摆平价格战，话语藏机锋——讨价还价口才的训练

有的客户经常吹毛求疵地讨价还价，销售人员必须要吃透这一点。客户通常会利用这种战术来讨价还价。他们往往先是再三挑剔，接着又提出一大堆的问题和要求。这些问题有些是真心的，有的却只是虚张声势。

陈先生的冰箱坏了，急需买一台，为求物美价廉，他采取了吹毛求疵法来还价。在商店里，销售员指着他要的冰箱，告诉他价格为1500美元。

陈先生说："可这冰箱外表有点小瑕疵！你看这儿。"

销售员说："我看不出什么。"

"什么？"，陈先生说："这一点小瑕疵似乎是个小割痕，有瑕疵的货物通常不都要打点折扣吗？"

陈先生又问："这一型号的冰箱一共有几种颜色？"

销售员说："30种。"

"可以看看样品本吗？"陈先生问。

销售员回答说："当然可以。"说着马上拿来了样品本。

陈先生边看边问："你们店里现货中有几种颜色？"

销售员回答："共有22种。请问你要哪一种？"

陈先生指着商店陈设产品里没有的一种颜色说："这种颜色与我的厨房颜色相配，其他颜色同我厨房的颜色都不协调。颜色不好，价格还那么高，要不调整一下价格，否则我将重新考虑购买地点了，我想别的商店可能有我需要的颜色。"

陈先生又打开冰箱门，看了一会说："这冰箱附有制冰器？"

销售员回答："是的，这个制冰器全天24个小时都可以为你制造冰块，而且1小时只需要2分钱的电费。"（他以为陈先生会满意这个制冰器）

陈先生说："这太不好了，我孩子有慢性喉头炎。医生说绝对不能吃冰，绝对不可以。你可以帮我把这个制冰器拆掉吗？"

销售员说："制冰器是无法拆下来的，它同冰箱的门安装在一起。"

陈先生说："我知道……但是这个制冰器对我根本没用，却要我付钱，这太不合理了，价格再便宜点？"

陈先生如此这般，其目的不外是：

（1）压价；

（2）表现自己的精明；

（3）为对方的让步创造条件。

经过如此艰苦地讨价还价之后，售货员作了让步，他向其上司交代时，说自己只作了极小的让步，并说这种让步是有理由的。售货员往往会把客户刚才的抱怨作为自我辩解的理由。

换个角度来说，若你是卖方，又该如何抗拒这种吹毛求疵的战术呢？

（1）必须要有耐心。那些虚张声势的问题及要求自然会逐渐露出马脚来，并且失去影响力。

（2）遇到实际的问题，要能直攻腹地、开门见山地和买主私下商谈。

（3）对于某些问题和要求，要能避重就轻或视若无睹地一笔带过。

（4）当对方在浪费时间、节外生枝，或做无谓的挑剔或无理要求时，必须及时提出抗议。

（5）向买主建议一个具体且彻底的解决方法，而不去讨论那些无关紧要的问题。

说明报价底线，给客户以压力

如果有人说"价钱太贵了"，并不意味着他今天不会掏钱购买。

——乔·吉拉德

这种方式是以"这已是最后的出价"或者"这是最低的价钱"的说法来给对方施加压力，以使对方接受你的价格的一种报价技巧。

"这已是最后的出价"听起来似乎已没有任何回转的余地了，其实不然，你可以婉转地表达下述意思使他听起来像是最后的决定，但在必要时，又能允许你有风度地让步。其中的操作要诀便是要找出使这句话能说得模棱

第12章 摆平价格战，话语藏机锋——讨价还价口才的训练

两可的办法。

举个例子来说明：

假设你是一个买主，想告诉卖主说："这张支票是我对于房子和家具最后的出价，我给你4天的期限，倘若你还是不能接受，便可以把支票撕了，然后再通知我一声。"

买方可根据自己的情况采用不同的谈话语气表达自己的企图和许诺：

（1）这是我对房子最后的出价了。即使包括了室内的设施和院子，我也只能出这么多了。

（2）我给你4天的期限，倘若你还是不能接受我的出价，打电话给我。

（3）我给你4天的期限，倘若你还是不能接受我的出价，我再和你联络。

（4）如果4天之内你不通知我，这笔交易就告吹了。

（5）如果4天以内你仍不接受我的出价，我将要购买另一栋房子。

（6）如果4天以内你仍不接受我的出价，我们仍然是朋友。

（7）如果4天之内你仍不能接受我的出价，撕掉支票，祝你好运，把这件事忘了吧！

（8）支票将在4天后失效，所以你有充足的时间考虑。

上述每句话都是在企图表达某种许诺，同时也为自己留下了回旋的余地，关键在于把握好分寸感，出言得当。

"最后出价"能够帮助也能够损害你讨价还价的力量。假如一个人所说的话不被人采纳相信，谈判的气势也就被削弱了。遣词用句和伺机而行对于这个策略的成功与否至关重要。

如果有人向你表示"最后出价"，不要轻易相信，以下建议会给你帮助：

（1）仔细倾听他所说的每一句话。他可能正在闪烁其词。

（2）假如能达到你的目的，必要时，佯怒含嗔也是可行之法。

（3）让他知道，如此一来就做不成交易了。

（4）考虑是否要摆出谈判的样子，来试探对方的真意。

（5）假如你认为对方将要采取"最后出价"策略时，不妨出些难题，先发制人。

摸清客户的出价上限，合理做出价格让步

> 给客户高质量的东西，这是最好的广告。
>
> ——Hershdy，美国企业家

有一个人讲了他的一次讨价还价的经历。

当我在印尼巴厘岛的时候，有一次去逛街，看上了一个木雕。

"多少钱？"我问。

"20 000卢比。"

"8 000！"我说。

"天哪！"小贩用手拍着前额，作出一副要晕倒的样子，然后看着我说："15 000。"

"8 000。"我没有表情。

"天哪！"他在原地打了一个转，又转向旁边的摊子，对着那摊子，举起手里的木雕喊："他出8 000！天哪！"又对着我说："最低了，我卖你13 000，结个缘，明天你带朋友来，好不好？"

我笑着耸耸肩，转身走了，因为我口袋里只有9 000，就算我出到9 000，距离13 000还是差太远。

我才走出去四五步，他在后面大声喊：

"12 000，12 000啦！"

我继续走，走到别的摊子上看东西，他还在招手：

"你来！你来！我们是朋友，对不对？我算你10 000，半卖半送！"

我继续走，走出了那摊贩聚集的地方。

突然一个小孩跑来，拉着我，我好奇地跟他走，原来这个小孩是那摊贩派来的，他把我拉回那家店。

"好啦！我要休息了，就8 000啦！"

第12章 摆平价格战，话语藏机锋——讨价还价口才的训练

现在，每次我看到桌子上摆的这个木雕，就会想起那个小贩。我常想，我为什么能那么便宜地买到？

因为我坚持了自己的底线。

我也想，他为什么会卖？想到这里，我又不是多么得意了，因为8 000卢比一定也在他的底线之上，搞不好7 000他也卖了。

那么对于销售人员来说，应该怎么去得知客户的底价是多少呢？

我们可以用编造老板意见的方法来抬高底价。比如客户想花15元买一个电源插座，而你要的是20元。你可以说："我们都觉得这个产品的价格还可以。如果我能让老板降到17.5元，你能接受吗？"拿老板作挡箭牌，这并不意味着你要以17.5元卖给他们。然而，如果他觉得17.5元也可以，你就把商谈底价提高到了17.5元，现在与你的要求只差2.5元，而不是5元了。

另外，还可以通过提供一种质量较差的产品来比较他们的质量标准。"如果你只付15元，我给你看铜接点的插座可不可以？"用这种方法，你或许能让他们承认价格不是他们唯一考虑的。他们确实关心质量。

推荐质量更好的产品，能确定他们愿意给出的最高价格。"我们还有更高性能的插座，但是每个25元。"如果客户对这种性能的产品感兴趣，你就知道他愿意花更多的钱。

这种办法可以解除客户的警惕，使他跟你说些真心话，要是他认为你在卖东西的话，他就不这么做了。你说："我喜欢跟你做买卖，但是这件不是我的，以后我们再合作吧。"你以这种方式解除了他的武装，稍后你说："我很遗憾不能卖给你这个插座，但就咱们俩说，到底多少钱你买？"他也许会说："我觉得15元是最低的价格，但我想18元也是可以的。"

客户有一个期望价，还有一个拒绝价，商谈中你不知道他的拒绝价是多少，因为他总是在考虑他的期望价。但是运用这些技巧，你应该能够猜到这个价格。

以小藏大谈价格，隐藏价格昂贵感

说出客户想知道的，但要保留一点当作你的秘密。

——乔·吉拉德

在可能的情况下，要尽量用较小的计价单位报价，即将报价的基本单位缩至最小，从而隐藏了价格的"昂贵"感，客户也便容易接受了。

在日本首都东京，经常能听到这样的不动产销售员话语："出售从东京车站乘直达公共汽车只需75分钟就能到家的公寓。"

假如把75分钟改为1小时零15分钟，买房的人一定会大大减少，因为人们会觉得出售的房子离东京很远。在人们的心理上，以分钟为单位的时间自然会很短，而以小时为单位的时间自然会很长。房地产销售员正是利用人们的这种心理，变换了一下时间单位，再加上"直达""只需"强调快速的字眼，让人感觉这所公寓离东京并不远。一位客户相中一块图案特别、质地精良的地毯，问销售员价钱。"每平方米24.8元！"销售员回答。"这么贵？"客户听后直摇头。过了一会儿，又有一位客户问这块地毯的价格时，销售员微笑着反问道："你为多大的房间铺地毯？""大约10平方米吧！"

销售员略加思索后说："使你的房间铺上地毯，只需1角多钱。""1角钱？"客户一脸的惊讶和好奇。"你的房间10平方米，每平方米是24.8元，一块地毯可以铺5年，每年365天，这样你每天的花费不就是1角多钱吗？"销售员解释道。

最后，客户欣然买下了这块称心如意的地毯。

这种把商品价格分摊到使用时间或使用数量上的做法常使价格显得微不足道，非常便于客户接受。

齐格勒曾销售过厨房成套设备，主要是成套炊事用具，其中最主要的就是锅。这种锅是不锈钢的，为了导热均匀，锅的中央部分设计得较厚。它的结实

第12章　摆平价格战，话语藏机锋——讨价还价口才的训练

程度是令人难以置信的。齐格勒曾说服一名警官用杀伤力很强的四五口径手枪对准它射击，子弹竟然没有在锅上留下任何痕迹。当齐格勒销售时，客户经常表示异议："价格太贵了。""先生，您认为贵多少呢？"对方也许回答说："贵200美元吧。"这时，齐格勒就在随身带的记录纸上写下"200美元"。然后就又问："先生，您认为这锅能使用多少年呢？""大概是永久性的吧。""那您确实想用10年、15年、20年、30年吗？""这口锅经久耐用是没有问题的嘛。""那么，以最短的10年来算，对您来说，这种锅每年贵20美元，是这样的吗？""嗯，是这样的。""假定每年是20美元，那每个月是多少钱呢？"

齐格勒边说边在纸上写下了算式。"如果那样的话，每月就是1美元75美分。""是的。可您的夫人一天要做几顿饭呢？""一天要做两三回吧。""好，一天只按两回算，那您家中1个月就要做60回饭！如果这样，即使这套极好的锅每月平均贵上1美元75美分，和市场上卖的质量最好的成套锅相比，做一次饭也贵不了3美分，这样算就不算太贵了。"

齐格勒总是一边说一边把数字写在纸上，并让客户参与计算。在计算的过程中总能让客户不知不觉地摒弃"太贵了"这个理由，促成购买。

从心理学的角度来说，每一个人对较小的事物更容易作出决定，也就是说，当一个人面对的是一个较小的决定时，他一般更容易作出肯定的反应。细分法的口才技巧正是基于这一思想，使客户产生一种数字上的错觉，在客户更容易接受的时候巧妙地促成了交易。

帮助客户谈价格

> 高质量的成本往往最低。
> ——西蒙，德国管理大师

有些质朴的客户不知道他可以问问题，他只认为，当他问你价格时，你给出的价格就是不可更改的唯一价格。他不知道还有报价、询价以及最后敲

定的价格，他不清楚价格可以由双方商议决定。

如果你的销售对象是那些通常都会讨价还价的人，那么即使你先报价，你也会陷于被动。这个价格成了你们谈判的起点，结果往往是，你以低于最初报价的价格卖出产品，或者是交易失败。

所以，当客户问你产品价格时，你开始时可以说："价格会受到多种可变因素的影响，我能不能问您几个问题，好帮您得到最合适的报价？"接着就提问，这些问题可以引导客户作出购买决定，同时也可以帮助你得到有关价格的确切定位。

在客户向你询价之前，你应该清楚他已经看了哪些竞争产品。如果你知道竞争对手是谁，你就会知道对方的报价。

对于不知如何谈价钱的客户，你应该采取下列措施：

（1）帮助客户避免作出不恰当的购买决定；

（2）不要想当然地认为客户知道如何谈价钱，要了解他的背景和购买经历以便帮助他作出合适的购买决定；

（3）说明定价方式、订货流程；

（4）向客户解释，价格会因合同条款的不同和订货数量的不同而有所变化，从而帮助客户进行洽商。

你将他们所关心的问题一一进行了解答，对方会很乐意与你合作。你的销售也会因此而成功。

 ## 当产品价格超过客户的心理估价时

可靠性比价格更重要。

——Mengen,德国企业家

在推销活动中，无论客户提出哪种价格异议，销售员都应认真加以分析，探寻一下隐藏在客户心底的真正动机。只有摸清了客户讨价背后的真正

第12章 摆平价格战，话语藏机锋——讨价还价口才的训练

动机，销售员才能说服客户，实现交易。

1. 化整为零法

在德国柏林某个街头的广告柱上写着这样一段话："这块地段租金每天为0.56欧元。"这个数字看起来不算大，但实际上人们需要支付的租金应该是0.56欧元×所租地段面积×租用天数，折合下来是一笔非常大的数目！也许柏林街头的这块广告牌可以给许多推销人员以提示。

作为一个销售员，金钱总是你最常会碰到的问题，既然如此，你不妨把这项技巧运用到你的工作上，跟你的同事、拍档一起练习，记住每一句话，并把数字给记下来，然后去使用它。

2. 只提差价

这种方式适用于很多推销场合，例如：

"只要多付500元，您就可以享受地道的爱尔兰风情。"

"您提出的价格只能获得比这个小三号的沙发，可是那样的话您的客厅就显得不够气派了，只要多付1500元，您就可以让您的整个房间提高一个档次，何乐而不为呢？"

"只要多付2000元，您就可以得到一台比同类产品都优良的高速打印机，快速省时省力，不是很好吗？"

3. 进行贴近生活的比较

这要求推销人员对自己的产品有着相当程度的理解，而且这种理解必须要符合大多数人的生活习惯。例如：

"这种款式的车虽然耗油量大，可是从它与同类型车的比较中不难发现，如果把其他车高出的价格用到这款车的耗油上，您就已经节省了2年的油钱！"

"您只要每天少抽一支烟，这个产品的钱就出来了……"

4. 投资法

购买决策就是一种投资决策，普通人是很难对投资预期效果作出正确评估的，都是在使用或运用过程中逐渐体会、感受到产品或服务给自己带来的利益。既然是投资，就要多看看以后会怎样，现在产品也许只有一小部分作用，但对未来的作用很大，所以它值！先生，你要让这1万元来阻碍公司获得利润、增加产量吗？

在次要问题上作出让步

> 宁可丢钱,也不要丢掉信任。我最怕的一件事就是当人拿到我的产品检查时发现我做的是劣质的东西。
>
> ——博世,德国企业家

在销售过程中,特别是客户讨价还价的时候,我们要有良好的应变能力,要知道客户的需求是多方面的,他们的满足点也是多方面的。作为一个优秀的销售人员,你应当善于规避主要问题,在次要问题上作一些让步,让客户感到满足,从而达成交易。

我有个学员李振,是西安家电城的销售人员。有一次,一位客户看中了一套音响,却一直坚持自己提出的价格,坚决不让步。李振看出来对方绝对有购买的欲望和冲动,之所以没有产生购买行动,只是希望在价格上享受一定的优惠。可是,这套音响的价钱已经够低的了,再往下降,就会做赔本买卖。可是要想达成交易,便必须给予对方的一定满足,最好是让对方感到受到了不同的待遇和享受到了优惠!怎么办呢?

"如果,你价钱再往下降一点,我还会购买其他的东西,至少我还要几个稍微好一点的话筒!"对方在这个时候主动说道。

李振听了心中窃喜,已经知道了应该怎样去有效地解决这个问题。他顺着对方的话语,装作有些为难的样子说道:"先生,真的不好意思!你所看中的那套音响的价钱已经再难以往下降,你不是还要买话筒吗?"对方说:"是的。""如果变换一下方式,我在话筒方面多给你一些优惠,你觉得这样好不好呢?"最终,客户满意地带着音响和话筒离开了。

由此可以看得出来,在让步的时候,巧妙地避开主要的问题,在不损害自己利益的前提下,在次要的问题上作出让步,能够达到很好的效果。

第12章　摆平价格战，话语藏机锋——讨价还价口才的训练

 ## 侧重"相对价格"的引导

付太多钱是不聪明的，但付太少钱更糟糕。你付得太多，失去的可能是一些钱；但你付得太少的话，可能全部丢掉，因为你买来的东西不能完成它应该完成的任务。

——Ruskin，英国社会活动家

"喂，您好，是丁总吧！"

"是的，你是？"

"我是××俱乐部的小谢，那件事您考虑得怎么样啦？"

"什么事？"

"就是关于您加入我们俱乐部的事。"

"这个事，我就不参加了，你们的会员费太贵了。"

"丁总，您这就言重了。参加咱们俱乐部的都是一些像您一样的高级管理人员，由于超负荷的工作，这样日积月累就容易使大家感到身体严重超支。身体是革命的本钱，适当的休息更有利于工作，您说是吧？"

"没你说的那么严重吧！"

"丁总，是这样，企业的成功是每个管理者的期望。文武之道，一张一弛。忙碌之余放松一下，到俱乐部打打球，锻炼一下身体，还愁没有充足的精力工作吗？同时，也免去了您的家人对您身体的担心。再说了，比起咱们企业为国家所创的利润，会员卡这点费用算得了什么呢？"

"你还挺会说的。我们企业效益不好，负担不起你那个会员卡。"

"丁总，您总是和我们年轻人开玩笑。我们俱乐部的会员卡还有您意想不到的优惠呢。"

"你指的是什么呢？"

"持卡人可以在与我们俱乐部有合作关系的遍布全国的20家大型宾馆和

度假村享受5%~10%的优惠,能够享受到非持卡人所没有的便利。您一算就清楚了,就当您每月省2次应酬,每次应酬800元,一个月下来就节省了接近2000元,一年下来节省的钱也就不言自明了。我的这点小学算术,丁总您给个分,算得对不?"

"你这小姑娘的嘴可真是厉害。"

"丁总,您过奖了。正像您说的,咱们这个卡不便宜,可省下来的钱也不是个小数目。如果您加入的话,我可以在我的能力范围内给您适当的优惠。"

"你别说了,为了你的工作,也为了我的身体,我周末去报名。"

"谢谢丁总的支持,到时我会恭候您的光临。再见!"

上例中,销售员在决策人提出价格弱点后,并不是按照决策人的思路解释价格,而是从需求度和迫切度两个层次为决策人进行分析,对决策人进行相对价格的引导。

练口才　做销售

任何东西都有人嫌贵,嫌贵只是一个口头禅。这是销售员最常见的客户异议之一,遇到这种异议时,切忌回答"你不识货",或"一分钱,一分货",在解决这个问题时,销售员应遵循以下原则:

(1)先发制人,不等客户开口讲出来,就把一系列客户要提出的异议化解。

(2)在商谈中,尽量先谈产品价值,后谈价格。

(3)在交易中,价格是涉及双方利益的关键,是最为敏感的内容,谈论价格容易造成僵局。化解这一僵局最好的办法是多强调产品对客户的好处与实惠。因此,要多谈产品的价值,尽量少谈产品的价格。

(4)把客户认为价格高的产品跟另外一种产品作比较,它的价格可能就显得低些。要经常收集同类产品的价格资料,以便必要时进行比较。

(5)在可能的情况下,尽量用较小的计价单位为客户报价,如火柴每包

第12章 摆平价格战，话语藏机锋——讨价还价口才的训练

售价1元，将报价单位缩小到每盒0.10元。将交易总额细分为许多的小数额，会使你的客户比较容易购买。

（6）从产品的优势，如商品的质量、功能、声誉、服务等方面引导客户正确看待价格差别，指明客户购买产品后所得到的利益远远大于支付的货款，客户就不会再斤斤计较价格了。

（7）把高档产品与一些劣质的竞争产品放在一起示范，借以强调所推销产品的优点，并教客户辨别产品的真伪，经过一番示范比较后，客户就价格所提出来的异议会马上消失。

第13章
推销无小事,句句关成交
——成交口才的训练

抓住成交机会,随时促成交易,是销售员最基本的技能。这就要求销售员在捕捉住成交信号的时候,主动出击,有针对性地说服客户,促成交易。销售员与客户的交谈,每次都存在高潮和低潮,但并不是每个高潮都是成交的最合适的机会,即使在客户成交信号发出以后,也应该选择最有利成交的洽谈高潮,提出成交要求。

抓住客户的3大成交信号

> 推销活动真正的开始在成交之后,而不是之前。
>
> ——乔·吉拉德

成交信号是客户通过语言、行动、情感表露出来的购买意图。成交信号有些是有意表示的,有些则是无意流露的,后者更需要销售员细心的观察。客户成交信号可分为语言信号、表情信号和行动信号三种。

1.语言信号

当客户有购买打算时,从其语言中可以得到确定。例如,当客户说:"你们有现货吗?"这就是一种有意表现出来的真正感兴趣的迹象,这表明成交的时机已到;客户询问价格时,说明他兴趣极浓,商讨价格时,更说明他实际上已经要购买。

语言信号的种类很多,有表示欣赏的,有表示询问的,也有表示反对的。应当注意的是,反对意见比较复杂,反对意见中,有些是成交的信号,有些则不是,必须具体情况具体分析,既不能都看成是成交信号,也不能无动于衷。只要销售员有意捕捉和诱发这些语言信号,就可以顺利促成交易。

2.表情信号

从客户的面部表情可以辨别其购买意向。眼睛注视、嘴角微翘或点头赞许都与客户心理感受有关,均可以视为成交信号。客户的一举一动都在表明客户的想法。从明显的行为上也完全可以判断出是急于购买,还是抵制购买。及时发现、理解、利用客户表露出来的成交信号并不十分困难,其中大部分也能靠常识判断,具体做法:一要靠细心观察与体验;二要靠销售员的积极诱导。当成交信号发出时,及时捕捉,并迅速提出成交。

专门销售保险的小杨说,他总是利用"以便……"句型来追踪成交契机。他的方法很简单,对客户说话时,每段话他都接"以便……",随后详细说明有利于客户的所有专项。

"乔治先生,我们会在市场比较冷清的30天内开个会,以便做好充分准备,等管制一取消,可以立刻与分析师讨论。"

"李女士,我们希望现在就安排这件事,以便分公司能够将业务转交给您。"

运用这个简单有效的"以便……"句型,不单能引导追踪成交契机,还可以不断提醒客户,立即行动最为有利。所以,销售员要从现在就开始用"以便……"句型,以便提高销售业绩,同时提升自己在公司的地位。

3.行为信号

行为信号是那些客户在形体语言上提供的线索。这些信号会告诉销售员,他们在心里已经作了准备购买的决定。购买信号是突然的,销售员一定要细致观察客户,当客户出现购买信号,表示出购买的意愿时,销售员就要停止再谈论产品,准备下一个步骤。

细致观察客户行为并根据其变化的趋势,采用相应的策略、技巧加以诱导,在成交阶段十分重要。假设销售员已经将自己的想法用简单有效的方式表达出来,而且详细讲述了产品的优点与便利之处,跟着也询问了核查问题,了解了客户接受想法的程度。在这个过程中,销售员要始终注意其中的购买信号。有经验的销售员会有直觉,能感觉到客户什么时候准备购买。当然,许多销售员很难做到这一点。

 强调购买时机

一开始就把订单拿出来。

——乔·吉拉德

众所周知,买东西和做其他事情一样,有个时机问题,如能把握住时机，按计划进行，那么一定能很顺利、很安稳地办好事情。因此，在推销过程中，也要注意强调购买的最佳时机，使顾客感觉如果现在不买，将来就可能会后悔。这样，即使是顾客当时不需要的货物，也可能先把它买下来再说，以免将来后悔。

在你强调购买的最佳时机时，必须向顾客介绍当今这种商品在市场上的行情、生产这种商品的厂家的情况及顾客对这种商品的需求方面的情况，让顾客觉得你说得是有根据的，你是经过分析各方面的讯息而得出结论的，否则，顾客很难相信你说的最佳时机。

某医药厂生产了一种最新药品，而且疗效确实不错，你应聘当了这个厂家的药品销售员。在你大致了解了一些关于药品的性质、药品的效果及市场行情之后，便开始了你的推销工作。

这时，如果有人来看你的药品。当然，由于是一种新药，他还不敢肯定这种药品的效果，只是在电视、报纸上的广告中得知一些大致情况，你便可以这么说：

"这药是某厂家的最新产品，由于疗效不错，刚投入市场便受到了专家和用户们的普遍好评。它对治疗××病有很好的效果，它是一项最新的成果，采用科学配方精制而成，经临床试用，治愈率达95%以上。现在我们厂家已经收到了许多使用这种药品而病愈的用户的感谢信，他们都充分肯定了这种药的疗效。"

用这一段话首先把顾客吸引住，然后再向他强调现在就应抓住时机购买：

"现在，这种药刚上市就有了这么好的效果，您能保证它以后不会被假冒伪劣商品冲击吗？现在如果某种东西打响了名声，立即就会有许多假冒的同种商品出来，到时，您就真伪难辨，想买也买不到这种药品了。趁现在刚上市，不会有假冒的商品，赶紧把自己多年的病给治了，您说是吗？"

至此，顾客还有什么可犹豫的呢？

在假设顾客愿意购买的前提下促成交

让客户为我推销。

——雷蒙.A.施莱辛斯基

下面请看一个优秀的服装销售员成功推销服装的例子：

当一个顾客在试穿西服看是否合身时，这位销售员没有问："你是否要买？"而是领着顾客到镜子跟前让他自己看。"你瞧，这衣服你穿上真合身。"销售员边说还边扯扯顾客的衣角，紧接着又说："我们现在去量尺寸吧。"

销售员喊来他的裁缝——仍没有忘记扯着顾客的衣角——问道："您瞧，他穿着如何？"

"很好，我现在就为您裁。"裁缝说着，量着尺寸，拿起笔在衣服上划了起来。

"腰部合身吗？"销售员问道。

"是的，这样很好。"顾客答道。

"先生，裤子就这么长您看如何？"销售员又问。

"啊，当然。"顾客回答道。

"先生，您喜欢有反褶的裤脚吗？"销售员问。

"不喜欢。"顾客答。

"这套衣服做好需要多长时间？"销售员问裁缝。

"星期四就可以来取。"裁缝直接告诉顾客。

"这身衣服看起来很适合您。"销售员最后又说了一遍，并赞许地点点头。

"随我到领带室来，我为您选一条配套的领带。"他说着，挽起顾客的胳膊，走进领带室。

在上面的例子里,销售员一次又一次巧妙采用了假设成交的方法。从假设顾客要照镜子到顾客要量尺寸,又到要定做衣服至最后要配领带,无一不是销售员假设的结果。

顾客没有说出"不"字,也就暗示默然同意了。销售员知道此时这笔生意已十拿九稳了。

销售员在确认这桩生意能成交之前一直没有停止采用假设的方法,到顾客走出商店的时候,他还未停止推销:"请下次来时一定再找我。"这里,他又一次假设顾客会再来。

事实上,因为销售员从始至终都在虚构"你要这件产品"的结果,那么,这种虚构的结果如何呢?结果是:顾客果然要了这件商品。这属于一种心理定式。

作为一个优秀的销售员,如果在假设顾客愿意购买的前提下进行推销,对于顾客作出购买决定有着积极的影响。

选择成交法让客户乖乖就范

  聪明的销售员不是逼客户做出选择,而是让客户自动产生签单的想法。

——原一平

在客户还在犹豫时,以征询对方意见的方式给客户提供两种或多种选择方案,促使客户从多种方案中选择一种,使客户的思维重点放在数量、质量、材料等方面的选择上,并思考什么对他们有好处,而不是买与不买。

这种成交方法的奥妙就是:客户不管选择哪个,都在你成交的范围之内。

比如你问客户:"请问你是选A还是B?""你是要转账还是支票?""请问刷卡还是付现?""请问你要尽快发货,还是稍晚一点发

第13章 推销无小事，句句关成交——成交口才的训练

货？""是你过来取呢，还是我们送过去？""你觉得我们提供的两套方案哪一套更适合你呢？"

所有的问句都是引发成交的，也都是有效选择、别无他法的成交方式。也就是说，你所问的问句不管对方的答案是哪个，对于你来说都是有效的并能达到成交的目的。这种问话技巧能使你帮客户拿主意，促其下决心购买。

切忌向客户问些"要不要""行不行""可不可以""怎么样""有什么意见"等引发客户负面想象或不能把他锁定在成交范围内的问题。例如"这个产品你要不要啊？"如果此时客户还没有下定最后的购买决定或者他的欲望不够强烈，就会立刻回答你："不要。"这时，你要让他改口再买你的产品就难上加难了。即使客户想要你的产品，当你问他要不要的时候，他也会潜在地把你和他摆在对立的位置，或者他会提些条件让你满足他。要么对你的问题默不作答，要么对你说："还不能确定""我要考虑一下""我还要与某某人商量一下""等一会再说"等类似的话语把你搪塞回去。本来可以成功的交易就因一个错误的提问又让客户退了回去。从现在起认真地参照上面正确有效的选择问句，运用到实践销售中去，相信销售中的失误一定会减少，更会降低客户的流失率。

在实际销售中，这种方法可以有效地帮助我们成交。

直接向客户提出成交

早上销售成功的比例较大。

——乔·甘道夫

直接发问法是指在适当时机直接向客户提出成交的方法，是一种最简单、最基本的技巧。采取直接发问法可以有效地促使客户作出购买反应，达成交易；可以节省销售的时间，提高销售效率；可以充分利用各种成交机会，有效地促成交易；可以直接发挥灵活机动精神，消除客户的心理疑虑。

正是其特有的优越性，使其成为用途广泛的成交方法。使用这种成交技巧，需要在不同的场合针对不同的客户，一般情况下，以下几种情况可采用此技巧：

（1）比较熟悉的老客户；

（2）客户通过语言或身体发出了成交信号；

（3）客户在听完销售建议后未发表异议且无发表异议的意向；

（4）客户对销售品产生好感，已有购买意向，但不愿提议成交；

（5）销售员处理客户重大异议后。

直接发问法的使用也有一定的局限性：一方面，因语言过于直接外露，容易引起部分客户的反感，导致客户拒绝交易；另一方面，由于其使用条件是以销售员的主观判断为标准，一旦把握失控，就会使客户认为销售员在给他施加压力，导致客户下意识地抵制交易。

经理出马，加强成交说服力

你应该关注的是有超级影响力的客户，而不是所有的客户。

——乔·吉拉德

经理出马成交法就是在成交的最后时刻，由经理出面排除客户异议，提出更好的解决方案，让客户作出选择，从而达成交易的一种方式。

最后的合约没法顺利签订，可能是由于一直在老问题上徘徊不前，或者由于与对方太熟悉了而无法清楚地签下合约这两个原因。

此时，如果借助上司、前辈的力量，改变一下气氛，将会有意外的收获。若能同时活用上司的头衔，就可以增加你的威信，这比一个人唱独角戏效果要好得多。

要求亲近的前辈一起同行时，突然去拜访客户也可以。但是请上司出面时，就必须先和客户取得联络。这样一来整个谈话气氛就会改变。

第13章 推销无小事，句句关成交——成交口才的训练

"平时承蒙您的照顾，所以向经理特别提起了你，结果我的经理也希望和你见个面，下周一我想和经理一起来拜访你，不知道你方不方便？"

和上司、前辈同行的时候，要先介绍自己这一边。"××先生/女士，这是我们销售部的经理×××。"

彼此交换名片之后，让经理陪坐一旁，有经理陪坐在侧，整个气氛一变，就很容易谈入正题了。通常只要看到注明经理字样的名片，客户的态度就会不同了，本来和你在办公桌旁交谈的他，这时就会换到接待室了，这就是头衔的威力。

它可能使客户与你之间的关系转变为客户与你的公司间的关系。可见头衔的威力是够大的。如果经理从旁再加上几句说："小×是个很认真、踏实的销售员，做事仔细没出过差错，以后还请你继续支持，多多指教。"那么你的话在他的心目中就更加可信了。

而这时并不需要期待经理的说服力，只要活用这个"经理"的头衔就可以了。

亚洲疯狂演讲开创人姜岚昕说自己在过去做销售员的时候，也经常利用经理的能力与身份协助自己与客户成交，他也经常充当经理的角色协助别的同事促成交易。他常陪公司的业务人员谈单子，先由业务人员谈，自己则在一边坐着听。销售员能够直接成交，那是最好不过的，如果成交有难度，或者客户有下逐客令的意思时，他就会站起来以上司的身份跟对方进一步谈判。

姜岚昕说："××你好，我是××的经理，我刚才认真地听了你跟他的整个谈话过程，感受特别深，我想简单地跟你分析一下。"

对方会说："那你说吧！"

"××你能够接待我们这么长时间，我们非常感谢你，同时也说明了你对我们的产品也有一定的认识。那么请问是什么原因影响了你现在作出这个决定呢？"

"也没什么。"

"我知道你是一个行动力极强、办事效率特别高的人，你现在之所以不能作出决定，肯定是我们哪里做得不够好，或者你有某种想法我们不知道。

请你直接告诉我,我是公司的销售部经理,公司老板也特别信任我,我来帮你协调,你看好吗?"

一般这时,对方都会说出对你产品不满意的地方或他真实的想法及要求。当你了解了对方真正的需求或想法后,再重新制订适合对方需要而又不损害公司利益的最佳解决方案。

最后别忘了让"经理"给他一些优惠措施,基本上成交不成问题。

如果还有问题,就根据客户的需要,再打电话给公司的高层,然后从中协调,最终成交。

刻意"奚落"顾客,强势语气促成交

　　信心是取得成功的法宝,也是推销制胜的秘诀。相信自己,这是销售员取得成功的绝对条件。

——乔·吉拉德

语气强硬的强势推销就是刻意奚落顾客或逼迫顾客,但语言必须精确适当,既不能让顾客生气,又要成交,这种方法施展起来很困难,而且需要相当大的勇气。

伯恩哈特在向母亲们销售儿童百科全书时,就以高明的手腕施展了种使用强硬语气进行推销的技巧。

当有位女士表示对他的商品没有兴趣后,伯恩哈特一言不发地站在原地,一脸不敢置信的表情。接着他说:"强森太太,你的意思是,不帮小孩买这些参考书籍!你知不知道自己在做些什么?你准备袖手旁观,任由孩子去独力面对未来的竞争?你这样做等于让孩子平白丧失竞争的能力。你只不过一天投资几块钱,就可以提供孩子更好的教育机会,而你竟然不愿意,宁可让他们自求多福!"

"我不相信你会这么做,强森太太。一天只花几块钱,你的孩子就不必面对知识不足的危机。我相信你愿意投资这些金钱，让自己的孩子有个好的开始。"

经过他的这种强硬说服，那位女士最后接受了他的建议。

这番强硬的言辞相当冒险！这番话虽然措辞强硬了些，但它又不无道理，也许大部分人听了这种话后会感到不舒服，但也不至于因此而动怒。所以，在某些看似推销不成的情况下，不妨冒一次险，因为，毕竟这样做有挽回局面的可能性。

有时对待无限拖延的客户也可以用此招。面对这种状况，我们可能要学学扑克牌高手说："先生，请摊牌。"

欧维提公司的辛林克就经常采用这种销售技巧。

"碰到棘手的交易，"他说："销售员必须建立自己的权威，而不是将顾客当做权威。"有一次，辛林克碰到了困难，顾客是一家小型五人公司，该公司正需要会计系统。

"某一天，我们将这五个人全请到公司，解释我方提供的解决方案。"辛林克说："他们很认真，评估了市面上所有的会计系统。一场15 000美元的交易，讨论了好几个小时还是无法定案。最后我将机器关掉，把钥匙放入口袋。我说再不定案，请你们都回去。这五个人突然像被驯服了的小猫似的乖乖签下了合约。"

使用此法应谨慎，技巧必须非常娴熟，并且要根据客户的具体个性特征与接受能力，掌握好用词的度，否则只会适得其反。

 ## 运用精确具体的数据说明问题

没有人会拒绝你的在意和关注。

——乔·吉拉德

引用数据可以增强客户对产品的信赖，例如：

"这种品牌的电器在全国21个市级以上地区的销量都已经超过了160万台。"

"的确,儿童食品尤其要讲究卫生,我们公司生产的所有儿童食品都经过了12道操作严格的工序。另外,在质量监督机构检查以前,我们公司内部已经进行过5次内部卫生检查。"

现在,很多商家都意识到了这种方法的重要性,所以各大商家在广告宣传中也引用了精确的数据说明,例如宝洁公司某些产品的广告宣传:

××浴液:"经过连续28天的使用,您的肌肤可以……"

××牙膏:"只需要14天,你的牙齿就可以……"

和很多沟通技巧一样,使用精确的数据具有十分积极的意义。使用的数据越精确,越能引起客户的重视和信赖。但要保证所用数据的真实性和可靠性,并且数据说明宜精不宜多,最好用最新的数据。

拿破仑有一次检阅军队,按照惯例,指挥官跑到拿破仑跟前,以非常清晰的口齿报告:"报告将军。本部已全部集合完毕。本部官兵应到3 444人,实到3 438人。请你检阅。"

拿破仑非常满意地点点头,说:"很好。"然后又回头对他的参谋说:"记住这个指挥官的名字,数字记得这么准确的人应该受到重用。你们以后也得向他学习,给我汇报时尽量用精确的数字说话。不要用大概、可能、也许、差不多这样的话。"

这位博得拿破仑好感的指挥官,干脆利落地说出了部队官兵应到实到的人数,显得非常专业和细致。用数字说话,既显得专业,又能给人以最基本的信任感。

销售员:"您好,请问,王经理在吗?"

王经理:"我就是,您是哪位?"

销售员:"我是××公司打印机客户服务部××,我这里有您的资料记录,你们公司去年购买的××公司打印机,对吗?"

王经理:"哦,是,对呀!"

销售员:"保修期已经过去了7个月,不知道现在打印机使用的情况如何?"

第13章 推销无小事，句句关成交——成交口才的训练

王经理："好像你们来维修过一次，后来就没有问题了。"

销售员："太好了。我给您打电话的目的是，这个型号的机器已经不再生产了，以后的配件也比较昂贵，提醒您在使用时要尽量按照操作规程，您在使用时阅读过使用手册吗？"

王经理："没有呀，不会这样复杂吧？还要阅读使用手册？"

销售员："其实，还是有必要的，实在不阅读也是可以的，但寿命就会降低。"

王经理："我们也没有指望用一辈子，不过，最近业务还是比较多，如果坏了怎么办呢？"

销售员："没有关系，我们还是会上门维修的，虽然收取一定的费用，但比购买一台全新的还是便宜的。"

王经理："对了，现在再买一台全新的打印机什么价格？"

销售员："要看您想要什么型号的，您现在使用的是××公司3800，后续的升级的产品是5800，不过完全要看一个月大约打印多少张正常的A4纸。"

王经理："最近的量开始大起来了，有的时候超过10 000张了。"

销售员："要是这样，我还真要建议您考虑5800了，5800的建议使用量是一个月A4正常纸张15 000张，而3800的建议月纸张是10 000张，如果超过了会严重影响打印机的寿命。"

王经理："你能否给我留一个电话号码，年底我可能考虑再买一台，也许就是后续产品。"

销售员："我的电话号码是8520×××转123。我查看一下，对了，你是老客户，年底还有一些特殊的照顾，不知道你何时可以确定要购买，也许我可以将一些好的政策给你保留一下。"

王经理："什么照顾？"

销售员："5800型号的，渠道销售价格是10 100元，如果作为3800的使用者，购买的话，可以按照8折来处理，或者赠送一些您需要的外设，主要看您的具体需要。这样吧，您考虑一下，然后再联系我。"

王经理："等一下，这样我要计算一下，我在另外一个地方的办公室添加一台打印机会方便营销部的人，这样吧，基本上就确定了，是你送货还是

我们来取？"

销售员："都可以，如果您不方便，还是我们送过去吧，以前也去过，很容易找到的。您看送到哪里，什么时间好？"

……

销售人员只是打了一个电话，用了大约30分钟，就完成了一台打印机的销售。在这段对话中，销售员在介绍打印机时，没有离开过数字，以非常专业的角度为客户介绍新的打印机，并提示公司的优惠政策，成功是非常自然的事。

帮客户下定最后购买决心

与其证明产品是最好的，不如让客户自己说服自己购买。

——乔·吉拉德

在现实中，我们发现有很多胆怯的销售员，在接近客户、说服客户的流程中都做得很好，可就是成交不了。原因是什么呢？因为他不敢催促客户，或者说，不懂得采用帮客户下定最后购买决心的成交技巧。

与客户沟通的最后阶段，也正是你帮助消费者下决心的时候。但在这个时候，很多人都是不敢催促客户成交的。其实只要你感觉销售工作已经进入了这个阶段，那么就马上去用催促性的提问，促使交易的达成，要不然对方还会再继续观望。

那么，在客户将要决定购买之际，销售员如何去促使他们作出最后的购买决定呢？是单刀直入，直接催促他掏钱吗？当然不是，这需要一些相对委婉的方法。

下面是一些常见的行之有效的方法。

1. 征询意见法

有些时候我们并不能肯定是否该向客户征求订单了，而且也不敢肯定是否正确地捕捉到了客户的购买信号。在这些情况下，最好能够使用征求意见的方法，你可以这样问：

"陈先生，买了这本书对你的工作是很有帮助的，不是吗？"

"在你看来这些书会对你的公司有好处吗？"

"如果买了这些书，一定对你的孩子学习有很大帮助吧？"

这种方式能让你去探测一下"水的深浅"，并且可以在一个没有压力的环境下，征求客户的订单。当然，如果你能得到一个肯定的答复，那你也就可以填写订单了，你再也不必重新啰唆怎样成交了。像其他任何领域内的销售一样，你说得越多，越可能有失去订单的风险。

2. 从较小的问题着手法

从较小的问题着手来结束谈判是指请你的客户作出一个较小的决定，而不是一下子就要作出什么重要的决定，比如让他们回答"你准备订货吗？"之类的问题。一般来说，这些试探或许会有助于推销。你所提的问题应该是：

"你看哪一种比较好？"

"你看是你带走，还是我们给你送到府上？"

"我帮你拿到柜台去好吗？"

"如果您买了的话……"

"让我们把货送到您家？并且……"

3. 选择法

用以下的提问方法给你的客户以选择的余地——其中无论哪一个选择都表明他们同意购买你的产品或服务。你可以让他进行一步小的选择："要这一种还要那一种？"或者：

"你决定要哪一种产品？"

"是付现金还是赊购？"

4. 敦促法

你可以暗示商品非常畅销，如果客户不及时购买的话，将会失之交臂。

"朱先生，这种产品的销售情况非常好，如果你不马上要的话，我就不能保证在你需要的时候一定有货。"

同时把订货单递过去。如他对商品确实有兴趣，就会填上一些栏目，那么推销也就成功了。

5. 悬念法

如果条件许可，又确实是这样的，你就可以向对方表明现在购买的好处：

"这个月可能要涨价。"

"这种型号的只有一件了。"

"唐先生，价格随时都会上涨，如果你现在行动的话，我将保证这批订货仍按目前的价格来收费。"

成交后请客户帮你转介绍

不管客户买不买，你都要请客户帮你转介绍。

——乔·吉拉德

一般的销售员在洽谈结束获得客户首肯并签完订单后，都会十分快慰，认为赶紧收拾东西打道回府。

乔·吉拉德认为，如果总是这样，就永远无法成为顶尖的销售员。顶尖的销售员和客户一旦确立了良好友善的情感气氛后，不论客户有无购买，都会适时提出希望，请他帮助推荐潜在客户。在他们看来，帮助转介绍的顾客不一定单单是购买产品的顾客。

在销售产品时，如果有的客户不购买，你可以说："先生，我知道您目前已经拥有，请问您认识的人中有哪些人更需要，您能介绍您周围的朋友来了解一下我们的产品吗？"

遗憾的是，很多销售员做完生意后从来不懂得让客户转介绍，无形中失去了许多潜在客户。

不管客户买不买，你都要请客户帮你转介绍。

若你的表现、精神状态、工作能力能够获得客户良好的口碑,你确实能为客户利益着想,要求客户转介绍就不难获得响应。很多时候,客户不愿介绍朋友是怕销售员及其产品的缺陷给朋友带来麻烦,并使对方不愉快,影响友情,因此销售员一定想办法让客户放心。

客户有时不会拒绝介绍他的朋友,但会叮咛你不得说出自己的姓名,销售员如不小心审慎处理,必会惹出不少麻烦。

但如果销售员要求对方介绍客户时,对方不肯,这时也不必强人所难,应该立即转换话题给自己找个台阶下。

如果拜访成功了客户转介绍的人,销售员最好能向当初介绍的客户报告进展情况,并通过致谢函或电话表示谢意。这样一来,客户就会有一种强烈的成就感,他会乐于再转介绍。这样就会使他成为你的"客户来源中心。"

你一定要向客户提供物超所值的服务,甚至是别人无法想象的服务。很简单,顾客购买的不只是产品,他买的是你的产品提供给他的服务以及你的工作态度。你的服务水平和工作态度决定了顾客能否帮你转介绍。

要时常询问每一位客户是否能够提供可能的准客户名单。将这个推销活动中的基本做法培养成习惯,将它变成和客户闲聊中最自然的一句问话,你就一定会成为推销的高手。

练口才　做销售

成交签单时的9个细节。

1. 不要慌张

慌张、性急都会使即将到手的买卖功亏一篑,所以一定要沉着应战。

2. 耐心与客户沟通

初次与客户接触时,可以采用灵活迂回战术,话题扯得越远越好,以便与客户搭界,但在最后签约成交的决战中,则不能浪费一颗子弹,要全力制造气氛迫使对方决定购买。

3. 当心乐极生悲

要做到喜怒不形于色，否则，乐极生悲，使得客户心中生疑，落个空喜一场。到了最后成交的阶段，你要做的就是再鼓舞，使其欲望不断升温。

4. 不要急于降价

到了最后关头，要不要减价则无所谓了，客户这时要求减价，多是存侥幸心理，不会因为减价而改变主意的。

一般认为在销售员和客户达成交易之后，销售员应按照以下步骤来安排自己的离开。

第一，收拾资料，并将现金很慎重地收进皮包内，这个动作一定要让买方看出该销售员十分稳重。

第二，给公司的同事打个电话，要当着客户的面打回去，明确地向公司表示这位客户已经购买商品，请公司立即登记。

第三，赞美客户眼光独到，购买了自己的商品，其购买行为已经对其家庭增添了很多便利。

第四，告诉客户有必要和朋友一起享用。因为客户的选择是相当明智的，这种明智的决策足以成为客户向其朋友炫耀的资本。

第五，很礼貌地向客户告别。和客户告别时要郑重地向客户道谢。耐心是一名销售员应该具备的基本素质，销售员本身的基本特征就是从拒绝开始。如果销售员没有耐心，一遇到拒绝就立即放弃，是很难取得成功的，同时也会给客户造成不好的印象。

第14章
电话打出去，订单飞过来
——电话沟通语言的训练

小小电话线，一线连万金！销售新手要好好利用电话这个四两拨千斤的黄金商业手段，好好学习，摸索其中的诀窍门道，让电话成为你打开销售大门的犀利武器。电话销售必须在极短的时间内引起客户的兴趣，让他们立刻感觉能得到好处，否则很容易遭到拒绝。营销电话容易惹人反感，所以销售员不妨在打电话之前就进行一番精心设计，这不仅仅可以成功地向客户介绍自己以及自己要推销的商品，而且还为后面的良好沟通奠定了坚实的基础。

巧妙绕开"接线人"

电话是你第二重要的推销工具,第一是你的嘴巴。

——汤姆·霍普金斯

在推销过程中,销售员经常犯的一个错误就是:循规蹈矩地接近客户。

销售员如果要向某家公司的总经理或高级管理人员推销产品,他们开口就会说"喂,我是某某公司的,麻烦您请总经理听电话。"总经理办公室的工作人员接到电话一定会想:"这人不认识总经理,总经理有交代,没有约定的人不能见面。"于是回答:"对不起。总经理正在开会。"

简单一句话便把他拒绝了。

但是聪明的销售员会想尽办法顺利通过秘书这一关,他们会采用"迷惑术",使对方"信以为真"。

"喂,我是某某某,请问总经理在吗?"

语气轻松而充满亲密感,好似与其总经理是老朋友、老熟人一般,这样就能使接电话的人信以为真。于是,回答就是:请稍候……这种办法虽然不是百发百中,但是成功率还是比较高的。

如果想让成功率再高些,还有一个更绝的,就是叫出总经理的姓或小名。

"喂,请问老张在吗?"或者"喂,请问阿龙在吗?"

"哪个老张?""谁是阿龙?"

"哦。对不起,就是你们总经理。"

这样,接电话的人一定会认为:他一定是总经理多年的好友、老熟人,要不怎么这样亲切地称呼总经理呢?

有家公司总经理就曾这样说:"也许是因为我的性格,我总认为推销能力强的销售员大多是不按常规,通过传达室来见我。他们找到办公室秘书,

第14章　电话打出去，订单飞过来——电话沟通语言的训练

问：'经理在吧？'秘书以为他和我很熟，便立刻引见。一进来，才发现是个销售员。瞧，我公司有五六十辆车，都是这类销售员'强迫'我购买的。"

以下是电话营销常用的绕障碍方法。

1. 多尝试法

多准备几个该公司的电话，用不同的号码去打，不同的人接，会有不同的反应，这样成功的几率也比较大。

随便转一个分机再问（不转人工），可能转到销售员那里或人事部，这样就躲过前台了。或让前台转其他科室，如人事招聘、销售、市场、广告和采购等部门。然后再与他们沟通，转到老总那里。

如果你觉得客户很有戏，就不要放弃，可以找另外一个同事帮你打。

2. 核对资料法

比如你可以这样说："我是××路邮局的，请问你们公司的全称是？总经理是？我现在找他核对一下。"

"我是××银行的，需要和老总核对资料，或者是存款出了些问题，要通知老总。"

"你好！我是51job的，贵公司在我们这里登记招聘员工的信息，我想问一下贵公司的法人是谁？我们要核对他的相关资信情况。"

3. 急事法

"小姐，这事情很重要，你能否做主？我很急，马上帮我转给你们公司老总。"

"请找×总，怎么不在？不是说好今天这个时候让我去个电话吗？你看他什么时候回来？这事挺重要，他的手机是138还是139？你告诉我，我记一下。"

"小姐，张总可能有急事找我，他打了我的手机，现在还在公司吗？我回电！谢谢！"

"王老板在吗？他来过我公司没有呀？怎么还没来？手机多少？"

4. 威胁法

前台：你哪里？

销售员：厦门的，刚来福州，有重要事情找你们老总（知道姓名，那就

直说姓名）。

前台：我问你哪里？哪个公司的？

销售员：小姐，你姓什么？我很不习惯你这样问话，知道吗？！（语气要强，拍着桌子说话）在不在？在就给我转进去。

5.朋友亲戚法

"你好，转你们李总（声音要大）！我是××公司的王总啊！"

很多接线员好管闲事，非要问清楚，销售员可以这样说："×总在不在啊？"前台："你是哪位啊？"销售员："我是他一个朋友。"前台："找他有什么事？"销售员："有点私事，他是不是不在啊？"这时前台就会把电话给老总了。或者前台："他不在。"销售员："那你告诉我他的手机号码，我把他号码弄丢了，谢谢，有点急事。"

知道该公司老总名字（男性）后，请男同事打电话："我找×××（直呼其名）。"

前台："他不在。"销售员："不在？他手机号码是多少？"前台："你是谁？"销售员："我是谁？昨天还一起喝酒了的！"

销售员："你好，转总经理。"前台："你有什么事？"销售员："有。"前台："你是哪个单位的？"销售员："我是黄××。"前台听到名字一定会以为销售员和总经理很熟。

 # 电话拜访技巧

> 我知道每一次推销失败，都将会增加我下次成功的几率；每一次客户的拒绝，都能使我离"成交"更进一步；每一次对方皱眉的表情，都是他下次微笑的征兆；每一次的不顺利，都将会为明天的幸运带来希望。
>
> ——汤姆·霍普金斯

第14章　电话打出去，订单飞过来——电话沟通语言的训练

电话最能突破时间与空间的限制，是最经济、有效率的搜索准客户的工具，方便、迅速是它的最大优势。与盲目的冒昧登门拜访相比，巧妙地运用打电话的技巧更容易与客户沟通，是非常值得学习和借鉴的。你若能规定自己每天至少多打5个电话，一年下来能增加1500个与准客户接触的机会。打电话寻找客户有许多方法，我们来看看乔·吉拉德是如何通过电话寻求顾客的：

"喂，葛太太，我是乔·吉拉德，这里是雪佛莱麦若里公司。我只是想让您知道您订购的汽车已经准备好了，谢谢！"

这位葛太太觉得似乎有点不对劲，愣了一会儿才说："先生，你可能打错了，我们没有订新车。"

吉拉德问道："您能肯定是这样吗？"

"当然，这样的事情，我先生应该会告诉我。"

吉拉德又问道："请您等一等，对了，您这里是葛克莱先生家吗？"

"不对，我先生叫史蒂。"

其实，吉拉德早就知道她先生的名字，因为电话簿上写得清清楚楚。

"史蒂夫人，很抱歉，一大早就打扰您，我相信您一定很忙。"对方没有挂断电话，吉拉德就此跟她在电话中聊了起来：

"史蒂夫人，你们不会正好也准备买部新车吧？"

"还没有，不过你应该问我先生才对。"

"您先生什么时候在家呢？"

"他通常晚上六点钟回家。"

"那好吧，史蒂夫人，我晚上再打来，该不会影响你们吃晚饭吧？"

当天晚上六点半，吉拉德再次拨通了电话，和史蒂先生通了话。

在打电话时，吉拉德记下了对方的姓名、地址和电话号码，还记下了从谈话中所得到的一切有用的资料，譬如对方在什么地方工作、有几个小孩儿、喜欢哪种型号的车，如此等等。

用这种方法把这些有用的资料都存入档案卡片里，并且把对方的名字列入销售对象的邮寄名单中，此时他已经成为你的准客户了。

熟知电话约见的原则和方法

> 做正确的事,而不是多做事;要做需要做的事,而不是你喜欢做的事。
>
> ——原一平

电话约见,重点应放在"话"上。所以,销售员首先要熟知电话约见的原则和方法。

原则上,销售员与顾客在电话中约见时,谈话的时间要精短,语调要平稳,出言要从容,口齿要清晰,用字要妥切,理由要充分。切忌心绪浮躁,语气逼人,尤其在顾客借故推托,有意拖延约见时,更需平心静气,好言相应。如果巧言虚饰,强行求见,不但不能达成约见目的,反而会增加顾客的反感。但在约定会面的时间和地点时,销售员应尽量采取积极、主动的行动,不可含糊其辞,以免给顾客拒绝接见的机会。下面举出的两种有关约定时间的问话,由于表达方式和用语的差异,其效果反应完全不同:

问话一:"王先生,我现在可以来看您吗?"

问话二:"王先生,我在下星期三下午4点来拜访您呢?还是在下星期四上午9点来?"

问话一,销售员完全处于被动的地位,随时可能遭到顾客设词推避。问话二则相反,销售员对于会面时间已主动排定,仿佛早已料到顾客那时一定能抽空接见,如果顾客一时反应不过来,便只好听从销售员的意见,从上述两个已排定的时间中,做"二选一"的抉择。

再来看一例:

"张先生,我是金生电子公司销售员,您上月5号寄来的订单刚刚收到,谢谢您。目前本公司新出了一系列电子组件,品质和效果都比以往的同类产品好,所以想尽早介绍给您试用……"

第14章 电话打出去，订单飞过来——电话沟通语言的训练

由上述话语中可知，销售员与顾客相互认识，并有相当的交往，因此，销售员可以直接在电话中报上姓名。基于这种关系，销售员借顾客订货之便，推荐电子新产品并要求约见，极为顺理成章，这也表示了销售员对顾客的关心，遇有新产品上市，立即向熟悉的顾客介绍以期顾客能尽早试用，改良其产品。这份为顾客利益所表现出的关怀，自会赢得顾客的欣赏，顾客便愿意接受约见。

"您早，林董事长，我是汽车公司的业务代表，听说令媛不久就有喜事了，恭喜！恭喜！我想利用这个机会，向您推荐我们最近进口的一种敞篷跑车，设计新颖，款式别致，装备齐全，适合新婚夫妇蜜月、郊游和上班下班之用。所以，我想在今早六点半到府上，或明天中午到您办公室去，亲自向您说明细节。如何？"

销售员利用此法约见，必须对消息来源的可靠性有十分的把握，包括：顾客家确有嫁女的喜事；有增添一份别开生面的礼物作为嫁妆的意愿；确信顾客具有购置一辆贵重汽车的财力等。

主动打出电话，唤起客户的注意力

当你跟任何人交往，首先你自己就是产品。只有把思想放在他们身上，才会让他们看到最佳的产品。

——汤姆·霍普金斯

对素不相识的人来说，一般人都不会继续谈话，他们会随时搁下话筒。你需要准备好周密的脚本，通过你的语言、声音的魅力引起对方的注意。以下是引起客户注意的几种方法。

1. 能激起对方兴趣的通用说明

例如，"我了解到您的部门手机话费每月上万元。我致电的目的是想让您知道我们的资费计划能使您的费用减少一半……"

2.用问题来取得对方的注意

例如,"从您提供的信息上看,您的汽车保险保额为5000元人民币。目前事故的平均修理、理赔费用为9300元,您的保额不够时您是如何打算的呢?"

3.由衷地赞扬

例如,"如同贵公司在打印机领域远超竞争对手的领先地位一样,我们公司提供的集团客户旅行去年占全行业的38%,远较第二名的15%高……"

4.提出问题的严重性

例如,"张先生,我市房屋拥有者中每10人中有8人一旦遇到火灾等自然灾害房屋被毁时完全无法重建。如果您是8人中的一位,我建议您能了解一下我们推出的……"

5.用类比方式

例如,"胡太太,东安小区有56%的住家安装了防盗报警装置。小区的犯罪得逞率比咱这下降了10个百分点。我相信您对社区安全也是同样地关注……"

6.提及客户熟知的同行已采用

例如,"您好!李总。我是王红燕,是信达公司的培训顾问。我们是国内唯一一家专做银行业务代表培训的专业公司。我们最近为××银行做了为期三周、全体业务人员参加的电话技巧培训。"

7.其他

如果以上都不适用,你就在介绍自己名字与公司名字之后问一句:"您听说过我们公司吗?"为下一步的简述作转接。

 ## 抓住接通电话后的20秒

> 时间的重要性要求我们必须分秒必争,把握每一寸光阴,让每一分钟都发挥效率。从而时间才可以转换为金钱。
>
> ——法兰克·贝德佳

第14章　电话打出去，订单飞过来——电话沟通语言的训练

一般来说，接通电话后的20秒钟是至关重要的。你能把握住这20秒，你就有可能争取到1分钟的时间来进行你的有效开篇，这其中包括：介绍你和你的公司，说明打电话的原因，了解客户的需求，说明为什么对方应当和你谈或至少应该听你说下去。

1. 说出自己及所在公司的名字

如果你给一家公司打电话，只是机械地说："早上好，××先生，我是A公司的××。"对方可能会不知道你是谁，或者不知道你们公司是做什么的。因此，对方就无法作出你所期待的回应，而你也就没有做进一步解释的机会，这次电话沟通也就无疾而终。所以，一开始，你必须在电话里做简单介绍，或者说是做广告，比如，可以说："早上好，××先生，我是北京××公司的××，我们公司负责销售培训，我们培训过45万名销售人员。"

2. 说出你打电话的原因

这一点非常重要。如果你打电话是希望有一次见面的机会，最好直接说："我今天特意打电话给您，是想和您约一个时间会面。"现在设想一下，这样说的结果会是什么呢？考虑一下，如果你给100万个人打电话，跟他们说这样的话，会有人同意和你见面吗？绝对有，甚至可能有很多。这仅仅是因为他们不太清楚你打电话到底是为什么，或者同意见面只是因为这是你同意的。另外，如果你不告诉接电话的人你打电话的原因，将会出现什么样的情况呢？没几个人会见你。因此，你必须说出你打电话的原因，让对方知道你想做什么。

3. 进行认证性或征询性的阐述

在陌生拜访电话中如果加上一句询问性的话，可以使对方有机会以你想要的相应方式回答你。这一问题必须是以你打电话给对方的原因为基础的。

在这里，认证性或征询性的问题必须是对刚才所说的内容的简单而又符合逻辑的延伸，必须是有逻辑的。

最好的表达方式是："××先生，我相信您和与我们合作过的ABC公司一样，希望拥有更高效率的工作团队。"对方很有可能会说："是的，我有兴趣。"

接下来你可以和对方约定见面时间和其他事宜，而这次陌生拜访电话也就算是顺利沟通完成。

具体可以表现为如下几点：

（1）第三方引介。例如，"我给您致电是因为我们都熟悉的黄志军先生，是他介绍说您正在寻找降低波峰用电量的方法。"

（2）直接跟进。例如，"我来电是想了解一下我们按您的要求寄出的公司介绍是否就是您感兴趣的内容……"

（3）提及对方最近的活动。例如，"贵公司最近组织中层以上的经理参加中欧工商管理学院的客户关系管理课程表明了……"

（4）将你的产品与著名专家的论点联系起来。例如，"营销界的泰斗程院士认为目前的营销自动化软件需要解决数据格式本地化的问题。您桌面上这一版是我们新推出的升级版，它完全解决了……"

缩短谈话时间，增加通话次数

你从上帝那里争取的时间越多，成功的几率便越高。

——原一平

用电话推销商品时，最重要的是不能让客户感到厌烦，一旦让客户厌烦了，再好的商品人家也不会买。缩短通话时间，增加通话次数，是个不错的办法，不但加深了解，也有助于增进与客户的感情。

电话销售本身就是打扰别人的事情，销售员与客户通话时，要懂得把握时间，不能只是一味地大谈特谈，而应该缩短谈话时间，增加通话次数。

真诚与关心的态度会让客户对你留下很好的印象。这样，在他要用到这个商品的时候就会想到你，或是把你介绍给其他客户。

刚做销售不久的小凡就遇到过这样一个客户。他们直到现在也没有见过面，通过几次电话，那位老总总是在开会，所以小凡会很礼貌地告诉他自己

第14章 电话打出去，订单飞过来——电话沟通语言的训练

是做什么的之后就说一些祝福的话。没有想到，一天打电话过去，那位老总说他这个工程上面有业主自己指定的商品，他让小凡等一下，之后就是另一个人跟小凡说他们需要这个商品，让小凡第二天拿样品过去。

美国的百货业竞争非常激烈，蒙哥马利百货公司为扩大营业额，成立了汽车俱乐部，会员以电话购买商品，公司送货上门。他们直接给客户寄邮件推销，但客户对邮件广告根本不予理睬，于是该公司决定采取电话营销。实施电话销售之后，一年之内就有了可观的成绩：汽车俱乐部增加新会员15万多人；会员的购买量大幅攀升。之所以产生这么好的效果，是因为客户感觉蒙哥马利公司重视他们，关心他们，时常打电话给他们。俱乐部采用电话营销后获得了空前成功。

在进行电话营销时，在打电话之前先准备一个名单。如果不事先准备名单，你的大部分销售时间将不得不用来寻找所需要的名字。你会一直忙个不停，总感觉工作很努力，却没有打几个电话。因此，手头要随时准备可供一个月使用的人员名单。

增加通话次数，就会赢得最有可能大量购买你的商品或服务的准客户。在寻找客户之前，永远不要忘记花时间准确定义你的目标市场。这样，在电话中与之交流的，就会是市场中最有可能成为你客户的人。如果你仅给最有可能成为客户的人打电话，那么每一个电话都将是高质量的。由于每一个电话都是高质量的，所以要尽可能多打电话。

缩短交谈时间，因为销售电话的目标是获得一个约会。你不可能在电话中销售一种复杂的商品或服务，而且你当然也不希望在电话中讨价还价。销售电话应该持续大约3分钟，而且应该专注于介绍你自己、你的商品，大概了解一下对方的需求，以便你给出一个很好的理由让对方愿意花费宝贵的时间和你交谈。最重要的是别忘了约定与对方见面。

另外，电话销售员还要善于使用这一技巧，做好客户关系的维护，把公司商品的创新信息以及公司最近推出的重大活动及时传达给客户，让客户建立忠诚度。力的作用是相互的，一次次真心与客户交流，你得到的也是客户的一片真心，是他们一生的忠诚。

许多电话销售员，尤其是刚刚进入电话营销的新人，总想"一口吃个胖

子"，心想这回客户可接电话了，我得抓紧这个机会，好好地把商品介绍出去，争取一次成功。于是开始滔滔不绝、激情昂扬的介绍，电话这边说的是飞沫四溅，而电话那边早已厌烦，脾气不好的客户可能早已把电话挂了。

电话销售是一个打持久战的过程，在建立目标客户阶段时应该加大与客户通话的频率，每次通话的时间不宜过长，不要急于求成。电话销售是一个自然的过程，水到才能渠成。

电话沟通中的战略细节

> 除了能让你充分享受商品的好处之外，还十分的亲切、自信、乐意帮忙，并且细心体贴。他卖你的不只是车子而已。
>
> ——乔·吉拉德

使用电话有许多的便利，但也有它的局限性。因为电话剥夺了关键的沟通工具（你的眼睛），你只能用语言来沟通，所以必须弄明白客户的意见。记住，因为你看不到对方的脸，所以你必须仔细倾听、从声音中捕捉信号。倾听是连接你和客户的无声纽带。

准客户的心情、口音，以及个性，在几分钟的电话上都可以表露无遗；销售员应当仔细地听他的口音，这是知道准客户可能是哪里人的一大线索。这可是个很好的话题，如果你曾经去那儿游览过，或者你也来自同一个地方，那将缩近你与准客户间的距离。在倾听中，你应细听准客户的心情。如果他很明显地无礼或急躁，你只要说："我听得出来你很忙（或不是很顺利）。我们另订个比较合适的时间，我再打过来给你好吗？"这比喋喋不休的效果要好得多。我们都见过只顾自己说而从不留心听的人。对这样的人，我们避之唯恐不及。假设你这样对待客户，他们会作出同样的反应。那么你的介绍将没有任何用处。

出色的沟通技巧从倾听开始，而倾听绝不是简单的听，它包括以下几个

第14章　电话打出去，订单飞过来——电话沟通语言的训练

阶段：全神贯注，浑然忘我；评估；理解；（消化）吸收；反馈。

另一个重要之处就是将身体语言带入电话交谈中，如"噢""哼"或"我明白"之类。成功的电话营销人员必须能倾听客户真实的或想象的需求，能理解并加强电话沟通。

在整个推介中，你应留心听购买信号。它们可能在你向客户做完自我介绍之后，或在你的电话推介过程之中出现，或许它们根本不会出现。尽管这样，你还是必须一直认真倾听。

有时候一次电话并不能起到多大的作用，这就需要继续跟进。对供应商而言，通过跟进电话可以加强与客户之间的联系。商业利润得靠贸易不断循环而获得。要得到效益就要买卖双方保持良好的合作关系。交货后的跟进电话就是保持这种友好合作关系的好方法。

跟进电话有六个步骤：自我介绍；提醒客户双方在上一次进行的业务交往；对产品进行补充宣传；看看对方有什么反应；说服对方；就继续交易达成协议。

像所有商业关系电话一样，跟进电话应事先有所准备，即在打电话的同时，提出报价单，催促对方迅速与自己达成交易。有些买主愿意买你的货，但实际上他们并未作出任何行动，其主要原因有惰性；工作太忙；对方希望与你讨价还价。

与新客户打交道时，要遵循这样一项原则：开门见山地与客户谈生意，不要东拉西扯，说些不着边际的话。但随着双方开始熟络起来，这项原则是可以改变的。这时，客户就不是一名客户了，他同时是你的朋友。要与客户公司里面的人建立起联系通常不是件轻而易举的事。你为了要从对方那里争得一笔广告生意，或者要赢得一份计算机维修合同，不论是什么，首先你得让对方接听你的电话。

推销电话任何时候都有意义。凭着努力，事后打电话可以带来更多生意，或者对同客户建立密切的贸易关系有所帮助。

周转快、价格低的商品很快会售清，买方和卖方的接触相当频繁。问一问客户对送去的货是否满意能促使客户继续买你的货。

成交后，通过电话收账。现在你打电话是因为对方买了你的产品或服务

却没付款，请集中商谈你何时能得到这笔欠款。事实上，收账主要的目标有两个：将到期的应收账款收回；让客户对公司感到满意。

你必须确保产品和服务能按时发出或提供，贷款能及时收回。你最大的兴趣与愿望就是确保客户及时付款，有时还包括督促那些在付款中有失职行为的客户。你的电话将给客户带来压力，他的反应可能是批评、抱怨产品、服务或工作程序。这时候要调查客户反映的事实。特别重要的是，必须记住这可能是你公司引起的问题。认真倾听客户的讲话，如果不是自己公司的错，对方会提供制定付款计划所需的资料。

你可以告诉客户另外约定一个日子，专门来处理投诉和抱怨问题。不要敌视，也不要太友好，应该直接、诚恳、坚定。销售员应采取坚定而非对立的态度，务必以自信的口吻和慎重的态度对待客户。下意识地将包袱丢给对方，从对方的答复里，你将可以决定下一步的对策，这样就巧妙地将责任转到客户身上。如果客户没有或不愿约定，那就说明他的反对程度已经削弱；如果客户的投诉合情合理，可另行处理，但不要因此而受影响转移目标。有时表露一点同情心能使客户觉得你真心实意打算帮忙，你应该判断对方推迟付款的理由是否可靠、正当，努力与客户共同寻找双方都能接受的解决方案。

将电话内容维持在商务范畴。你可以而且应该态度友善，但不要太套近乎。要知道这是公事，应该本着公事公办的原则处理。最佳的方式就是沉着、有理有节。态度积极、善解人意、礼貌谦恭和坚定客观是你必备的素质，粗俗、威胁和侮辱对方绝不可取，这只会使对方产生敌意。

作为销售员在推销过程中要制定明确的付款时间表，写清货款何时、通过何种方式转到公司账上。当然，这个付款时间表必须得到双方的认可。

电话联系肯定是有效的。假如这种联系得不到结果，那必然是某个环节出了问题，一定要对所有的电话内容进行检查，找出错误出在哪里。

第14章 电话打出去,订单飞过来——电话沟通语言的训练

 **练口才 做销售**

电话是销售员的第二工具,销售员必须最大限度地利用电话。有这样一个公式是:电话销售成功=55%声音+45%内容,说明了电话销售在声音和内容上的细节的重要性。

(1)凭电话短交谈是一种技巧,既可以体现你对客户的关心,增加了解,加深友谊,又可以完成推销任务。

(2)电话销售必须在极短的时间内引起客户的兴趣,让他们立刻感觉能得到好处,否则很容易遭到拒绝。

(3)电话沟通时要带着敬意,不管什么时候都不能让情况失控,永远要有目的,并且绝对不可以没有约定下次见面或联络时间就挂断电话。

(4)销售员在运用电话约见时,要讲求技巧,谈话要简明、精练、语调平稳,用词贴切,心平气和,好言相待,特别是客户不愿接见时不可强求。

(5)每位销售员都应好好练习自己的声音,用自己富有杀伤力的声音给客户打电话,一边作工作,沟通了解,一边向对方问好。如果能坚持这样做的话,事业必有大改观。

第15章
销售有禁忌,说话不踩"雷"
——销售一定要避免的语言误区

销售过程中许多问题都是由语言不当或缺少交流引起的,结果会不可避免地导致客户的误解或歧义。所以,要迅速引起对方的注意力及购买兴趣,首先要做到的是要避免销售过程中使用不当的语言。要想做成生意,你必须使用更高超的语言技巧。良好的语言交流是销售人员获取信息和成功地进行销售的关键。这意味着销售话语应得体恰当,使客户一听就懂,而且还要深入人心,促使对方产生购买力。

销售说话有9忌

> 不要过度承诺，但要超值交付。
>
> ——戴尔

与客户交流时，要注意管好自己的嘴，用好自己的嘴，要知道什么话应该说，什么话不应该讲。不知道禁忌，就会造成失败。销售人员在与客户的谈话中，要懂得"九忌"。

1. 忌争辩

销售人员在与客户沟通时，是来推销商品的，不是来参加辩论会的，要知道与客户争辩解决不了任何问题，只会招致客户的反感。销售人员首先要理解客户对商品有不同的认识和见解，允许人家讲话，发表不同的意见。如果刻意地去和客户发生激烈的争论，即便把客户驳得哑口无言，但你也失去了客户、丢掉了生意。

2. 忌质问

销售人员与客户沟通时，要理解并尊重客户的思想与观点，切不可采取质问的方式与客户谈话。如果销售人员用质问或者审讯的口气与客户谈话，最伤害客户的感情和自尊心。

3. 忌命令

销售人员在与客户交谈时，应面带微笑，态度和蔼，说话轻声，语气柔和，要采取征询、协商或者请教的口气与客户交流，切不可采取命令和批示的口吻与人交谈。你不是客户的领导和上级，无权对客户指手画脚下命令或下指示。

4. 忌炫耀

与客户沟通谈到自己时，要实事求是地介绍自己，不可忘乎所以地自

第15章 销售有禁忌，说话不踩"雷"——销售一定要避免的语言误区

吹自擂，千万不要炫耀自己的出身、学识、财富、地位以及业绩和收入等。这样会人为地造成双方的隔阂与距离。如果你一而再再而三地炫耀自己的收入，对方就会感到你向我销售商品是来挣我钱的。

5. 忌直白

销售人员要掌握与人沟通的艺术，客户成千上万、千差万别，有各个阶层、各个方面的群体，他们的知识和见解都不尽相同。在与其沟通时，如果发现他在认识上有不妥的地方，也不要直截了当地指出。销售人员一定要看交谈的对象，做到言之有物，因人施语，要把握谈话的技巧、沟通的艺术，要委婉忠告。

6. 忌批评

销售人员在与客户沟通时，如果发现客户身上有些缺点，不要当面批评和教育，更不要大声地指责。否则只会招致对方的怨恨与反感。与人交谈要多言赞美、少说批评，要掌握赞美的尺度和批评的分寸，巧妙批评、旁敲侧击。

7. 忌独白

与客户谈话，就是与客户沟通思想的过程，这种沟通是双向的。不仅销售人员自己要说，同时也要鼓励对方讲话。通过客户的谈话，销售人员可以了解其基本情况，如工作、收入、投资、投保、配偶、子女和家庭收入等。双向沟通是了解对方有效的工具，切忌销售人员一个人唱独角戏。如果自己有强烈的表现欲，一开口就滔滔不绝，只顾自己酣畅淋漓，全然不顾对方的反应，结果只能让对方反感。

8. 忌冷淡

与客户谈话，态度一定要热情，语言一定要真诚，言谈举止都要流露出真情实感，要情真意切、话贵情真。这种"情"是销售人员的真情实感，只有你用自己的真情，才能换来对方的情感共鸣。在谈话中，冷淡必然带来冷场，冷场必定带来业务泡汤。

9. 忌生硬

销售人员在与客户谈话时，声音要洪亮、语言要优美，要抑扬顿挫、节奏鲜明，语音有厚有薄，语速要有快有慢，语调要有高有低，语气要有重

有轻。总之，销售人员在与客户谈话时要有声有色、有张有弛、声情并茂、生动活泼。切忌说话没有高低、没有节奏与停顿、生硬呆板，没有朝气与活力。

 ## 避免说客户反感的话

> 有意识培养与客户交流的魅力，有助于扫清推销过程中的路障。
>
> ——原一平

顾客的回应实质上是一种信息反馈。当顾客感觉到痛苦或兴奋时，通常在对话中会通过一些字、词表现出来，如"太好了""真棒""怎么可能""非常不满意"等，这些情绪性字眼都表现了顾客的潜意识导向，表明了他们的深层看法，我们在倾听时要格外注意。一般而言，在成交的那一刻，顾客做决定是感性的。所以每当顾客在对话中流露出有利于成交的信号时，都要抓住机会，及时促成。

此外，销售员要注意沟通中少用"我""我们""我认为"等主观性较强的语言，这些字眼很容易使顾客反感，应多用极具亲和力的"您"，这样也能促成顾客开口。如果你发现顾客在高频度地使用"我""我认为"等词语时，你一定要注意倾听了，并适当控制和引导。因为这样的顾客一般主观性强，喜欢发表自己的观点。这样的顾客不太容易被打动，但你只要对他表示欣赏并建立信任关系，双方一旦成交，这将是非常理想的忠诚顾客。

当然，还有一些常用的词语，换一个说法往往效果大不一样。例如，顾客很不喜欢"买"和"卖"这两个字，如果换成"拥有"顾客的感觉就会好很多。当你希望顾客购买你的产品时，你说："阿姨，当您购买了我们的这款空调之后……"你的顾客会非常敏感，这意味着你要从他的钱包里掏钱

第15章 销售有禁忌,说话不踩"雷"——销售一定要避免的语言误区

了。更好的说法是:"阿姨,您知道吗?当您拥有了我们为您量身推荐的这款空调之后,您将享受到它特有的非凡感受,对老年人尤其适用。"听话要听音,当顾客在沟通时一再强调"买"或"卖"等字眼的时候,你要注意了,这样的顾客可能还未真正了解产品的真实价值,他们只是假装对产品感兴趣。

在销售对话过程中,常见的积极肢体语言有:歪头、手脸接触、吮吸、屈身前倾、手指尖塔形、拇指外突等;消极的肢体语言有:假装拈绒毛、拉扯衣领、缓慢眨眼、腿搭在椅子上、缓慢搓手掌等。顾客在销售沟通中总是习惯"言不由衷"的,我们要懂得通过无意识的肢体语言把握顾客的心理动态,审时度势,做出正确的判断和对策。

不要说伤害客户自尊心的话

> 只要你的话有益于别人,你将到处受到欢迎。
> ——原一平(日)

有的销售人员在销售过程中,不管时间场合,对象是否适当,更不理会讲话的后果,心里有啥就说啥,想怎么做就怎么做。而且,说出话来不讲究方式方法,往往是采取最直露的表达方式,甚至不乏尖锐刻薄。这种直率会让他们丧失很多本来有潜力的客户。

销售人员与客户沟通时,得体的语言是十分重要的。你的一句不经意的口误很可能伤害了客户的自尊,即使商品对客户来说有多么需要和重要。如果客户对销售人员的说话方式表现出了反感,那么再努力的推销也很难顺利实现交易。如果说话口气中带有瞧不起、贬低、讽刺的意味,更是错上加错,对客户来说是极大的伤害。

语言可以沟通人们之间的感情,也可以伤害对方的心。说话的一方觉得无所谓,但是,往往因自己所用的词语不当刺伤了对方的自尊心,自己反

而什么也没有觉察到，而使双方关系恶化。上述情况在我们日常生活中经常发生。

说话的一方虽无恶意，但对方却有受侮辱被讽刺和讥笑的感觉，这主要是说话的一方在说话时欠考虑，没有注意选择不伤害对方语句的缘故。

销售员在与对方说话之前，一定要自始至终做好这样的思想准备，"我怎么说才能不至于伤害对方的自尊心呢？"

例如，到一家商店访问，这家商店没有客户上门，在这种情况下如果开玩笑说"这里闹过鬼吧！怎么一个人也不见来"？虽说是开玩笑，但听起来就会让人很不舒服，言下之意是"这个商店快要倒闭了"。这时候您最好说"难得有空呀！""下午客户很多吧！"一边说一边看看对方的反应如何。

销售员对客户，对熟悉的人，对朋友说话都要注意。比如觉得对方脸色不好就说"您的脸色可不好啊！"如果对方身体没有毛病，精神也很好，一听这话就会感到不舒服，尽管是出于好意关心他，但效果却恰恰相反，对方心里也许会琢磨，"这家伙真不是东西，盼着我早死啊！"在这种场合您可先说，"您好吧？""近来身体还好吧？"对方如果不回答说"很好，托您的福"，而说"最近身体不太舒服"时，你就可以说"所以脸色有点……"这才是会体谅人的说法。

客户当中什么性格的人都有，有的很任性，有的性子急，有的爱发脾气，有的说话带口头语。作为一名销售员，要和各种各样的人打交道。如果老是用自己所固有的一种调子谈话，就无法和所有的人谈得来，弄得不好，遭"白眼"，有的还没进入商谈就被对方拒绝订货了。面对上述情况，要不断地检查自己的说法，并很快地及时地作出决策，在冷场之前就迅速地转换话题，使会话顺利地进行下去。

会话往往是反复无常的。在聊天时，因讲了些有趣的话可使对方捧腹大笑，可是一旦进入商业谈判则往往急转直下，激烈地争论起来。不管在什么场合下都是不允许失言的。如果失去风度，出言伤人，把对方给惹翻了，就会中断交易，造成不可挽回的后果。为此，优秀的销售员在和用户对话时，绞尽脑汁地选择词语。不过讲话时过于恭敬乱用敬语也不行，要用通俗易

第15章 销售有禁忌，说话不踩"雷"——销售一定要避免的语言误区

懂、朴实亲密的语言，只有这样才能取得成功。

以上所说的，看起来好像很难，其实只要有心，谁都能做到，只要多练习多用就能够做到和任何客户打交道都有共同语言。另外，学会了上述方法并成为习惯，不仅对用户，对上司，对同事讲话也同样有用。

专业话并非程式化和职业腔

> 任何产业都有说谎的人——一时会说谎、一生会说谎。但我从不欺骗我的客户。
>
> ——汤姆·霍普金斯

优秀的销售人员和失败的销售人员有一个明显的区别：优秀的销售人员看起来是自然而然的，而失败的销售人员却很难从端着的职业架子中跳出来。所以，避免程式化和职业腔调是销售人员成长中的最大难题。

很多销售人员往往会认为做什么就得像什么，做销售人员就得有销售人员的样子，说话做事一定要像个职业人士。他们对客户总是客气地称"先生、女士"，而不知道亲切地称呼他们"王经理、李老师"。

职业腔调会使部分客户感到十分不舒服、不自然，对于销售人员来说，是十分不好的。程式化就是指销售人员不能自然行事。

一位办公大楼的采购员想要采购大批的办公用品，向一个营销信件分报箱的营销员介绍了相关情况，并对信箱提出一些要求，营销员听后考虑片刻，便认定采购员最需要他们的CSI。

"什么是CSI？"采购员问。

"怎么？"营销员以凝滞的语调回答，内中还夹着几分悲叹，"这就是你们所需要的信箱。"

"它是纸板做的、金属做的，还是木头做的？"采购员探问。

"噢，如果你们想用金属的，那就需要我们的FDX了，也可以为每一个

FDX配上两个NCO。"

"我们有些打印件的信封会相当的长。"采购员说明。

"那样的话,你们便需要用配有两个NCO的FDX转发普通信件,而用配有RIP的Pll转发打印件。"

"小伙子,你的话让我听起来十分荒唐。我要买的是办公用品,不是字母。如果你说的是希腊语、亚美尼亚语或汉语,我们的翻译或许还能听出点道道,弄清楚你们产品的材料、规格、使用方法、容量、颜色和价格。"采购员几乎愤怒了。

"哦,"他开口说道,"我说的都是我们的产品序号。"

对于销售员来说,首先要明确一点,那就是来购买商品的顾客不都是行家。真正的行家来购买你的商品,可能根本不需要你的介绍,而那些需要你介绍的顾客大部分都是门外汉。这时,你能否将专业的语言向顾客表达清楚是取得顾客信任的一个关键因素。

首先,专业话要通俗易懂,多使用他人能理解的语汇。

其次,多使用描绘性的语言,少使用抽象的概念。

再次,多使用听起来令人愉快舒服的语汇。

总之,将专业话说得清楚,让每一位顾客都能听得懂,这是销售员必须要做到的。

不要用过分贬低自己的语气说话

字眼不同,推销结果也不同。

——乔·吉拉德

在销售谈话过程中,尤其是在双方出现意见分歧的时候,销售员很容易说出一些不恰当的话语,这会使原本就存在的矛盾变得更激烈。所以,不管客户犯了多大的错误,都不要在言语上向其发出挑战,即使觉得客户

第15章 销售有禁忌，说话不踩"雷"——销售一定要避免的语言误区

是在挑衅，也不要迎战。不管是哪种情况，销售员都可以使用更好的、更恰当的方式证明客户的正确，维护客户的尊严。实际销售中，有的销售员这方面做得不尽如人意，在谈话开场白里经常使用的一些不恰当的语言。如：

"对不起，打扰您了……"

"我不会耽误您太长时间的……"

"我想占用您一点儿时间，和您谈谈……"

这些表达方式是那些性格软弱的销售员经常使用的，他们说这些话的目的是不惹客户生气，事实上，销售员越是贬低自己，越会令客户不满意。因为没有人喜欢在一个并不重要的人身上浪费时间，每个人都喜欢和重要的人打交道，而且与重要人士交谈的时间越长，他们就会越高兴。所以，任何时候都不要贬低自己，要在语言上占据主动。

销售员在语言表达上不能太软弱。另外，还不能经常说些"带刺"的话，一般有以下几种情况：

（1）"安先生，您拒绝了我的预约，虽然如此，我还是来了。"以及"安先生，您拒绝了我的预约。我想我能消除我们之间存在的误会。也正是因为这样，所以我才来找您。""虽然如此"在所有"带刺"的词汇中是最为明显的。其实，在大多数情况下，我们可用"因此"这个词来代替，这样会让人比较好接受一点。

（2）"您可能误解了我的意思！"如果销售员发现客户误解了所说的话，不要强行打断客户，为自己辩解。此时，销售员要保持冷静，并从客户的话中找出客户误解的关键点，然后调整自己的思路，重新组织语言，针对客户误解的重点，重申自己的意思，这样才能说服客户。

（3）"安先生，您的这种想法是错误的。我可以向您证明另一种想法的正确性！"任何时候都不要批评或否定客户，这是对客户的不尊重。销售员的任务是销售，不是为客户纠错。如果客户的错误想法阻碍了销售的进行，销售员也没必要扮演真理的化身直截了当地指出客户的错误。在这种情况下，先承认客户合理的一面，再委婉地提出自己的观点，这样更有助于客户接受。

（4）"我能理解您的想法，安先生！但是我们能不能再考虑一下其他的因素呢？"这种语言明显是在指责客户考虑问题不周全。

在销售过程中，销售员要尽量避免出现以上四种情况。

推销有度，说话有方

成功地自我推销主要取决于你对自己的态度。

——乔·吉拉德（美）

太多的销售员都忙于夸夸其谈，企图压倒对方，却没有意识到说得过多反而会让你失去客户。不错，他们是在向客户做推销，可最后又把本该卖出去的东西买了回来！在这里，再次鼓励你做一名好听众——要学会正确判断什么时候该闭上自己的嘴！管不住自己的嘴正是缩短推销生涯的症结之一。

如果销售人员没有向客户做充分的介绍，客户没有清楚地了解你的产品，对你的产品没有产生兴趣，毫无疑问，客户是绝对不会购买的。但如果相反客户已经了解了你的产品，而你还在喋喋不休地做着介绍，最终的结果是什么呢？很有可能也是失败。

过度推销只会引起客户的反感，从而使销售功亏一篑。推销过度是那些有很大成交希望的买卖最终前功尽弃的主要原因之一。

一次，电脑销售员小张前去拜访一位省教委处长。小张觉得这是成交希望最大的客户，因此在出门前，小张做了充分的准备。在和教委处长寒暄后，小张拿出样品笔记本电脑，一边向处长详细地介绍产品，一边给处长展示笔记本电脑的功能。

"你能把笔记本电脑给我自己看看吗？"这时，处长打断了小张。于是，小张把电脑递给了处长。

处长接过笔记本电脑摆弄了一番后，对小张说："很不错啊。"

第15章 销售有禁忌，说话不踩"雷"——销售一定要避免的语言误区

"是的，这款是最新的产品，它体积小，功能强，具有……"小张接过了话茬，并大谈"笔记本"的特点和性能。

"哦，我已经知道了。这样吧，我现在还有点事，不是很方便，改天我给你打电话吧。"处长露出了失望的表情，对小张说。十分明显，处长是在委婉地拒绝小张。

"那我等您电话。"最后，小张只好抱着万分之一的希望离开了处长的办公室。

后来，意料之中，小张并没有等到教委处长的电话，最大的希望变成了最后的失望。为什么会这样呢？最重要的一点是小张的推销过头了。当处长表示了对产品很感兴趣时，小张还在一味地介绍产品的特点和性能，而没有将推销推向新的阶段——成交。如果小张在处长说"很不错"的时候，直接提出"这么好的产品，您为什么不买呢？"那么成交的希望就很有可能变成现实。

很多销售员担心说服不了客户，商品优点如数家珍，非要将商品的特性及优点彻底讲清楚讲明白，好让客户感动，就像散弹打鸟一样，连发数十枪，总以为客户会屈服于商品的无数好处。没想到你讲话的速度最快也不过每分钟200字，而客户脑中思考的速度却是每分钟450字，客户在你滔滔不绝的时候，老早已想好拒绝你的借口了。从事销售健康食品的施素珍，开始推销以来，曾经花了两三年的时间，每天讲得口干舌燥，却换来客户一声冷冷的响应："好吧!让我再想一想你讲的好处后，再打电话给你!"结果几乎没有一个打电话来说要订购。

练口才 做销售

通常情况下，销售员在与客户沟通时，不能说以下话。

1. 直接批评客户的话

这是许多销售员的通病，尤其是刚从事销售这一行的，有时讲话不经过大脑，脱口而出伤了客户，自己还不觉得。虽然销售员无心去批评指

责，只是想打一个圆场、有一个开场白，而在客户听起来，感觉就不太舒服了。

2. 攻击性语言

多数的销售员在说出攻击性话语时，缺乏理性思考，却不知无论是对人还是对事的攻击词句，都会造成客户的反感。作为销售员应尽量杜绝，最好是做到闭口不谈，这对销售会有好处的。

3. 过度吹嘘的话

不要吹嘘产品的功能！这一不实的行为，客户经过日后的使用，终究会清楚销售员所说的话是真是假。不能因为要达到销售业绩，就夸大产品的功能与价值，这势必会埋下一颗"定时炸弹"，一旦纠纷产生，结果就很难圆场。

4. 个人隐私

与客户打交道，主要是要把握客户的需求，而不是一张口就大谈特谈隐私问题，这也是销售员常犯的一个错误。

5. 不雅之言

在销售中，不雅之言对销售产品必将带来负面影响。诸如，在销售寿险时，最好回避诸如"死亡""没命了"此类的辞藻。不雅之言会使销售员的个人形象大打折扣，是销售过程中必须避免的。

6. 没有意义的口头禅

"实话给您说"——听起来就像不老实。所有的推销课程都会建议你把这句话从你的词典中删掉。

"跟您说句最最实在的吧"——比"实话对您说"更加糟糕。客户听到这句话总会对说话的人疑心大增。

"老实说"——后面跟着的几乎永远是谎言。

"我说的就是这个意思"——不，你不是。这可能是最不老实的一句话了。

"您今天能下订单吗？"——饶了我吧。这是一个愚蠢的、令人生气和厌恶的句子。

"您今天好吗？"——当人们在电话里听到这句话时，脑子里立刻会冒

第15章 销售有禁忌，说话不踩"雷"——销售一定要避免的语言误区

出来："这个蠢货又想向我推销什么？"

"我能为您做点什么？"——这是世界上零售销售员的口头禅。你应该想想：这句话在零售业盛行了一百多年之后，有没有什么更新颖一点、更能从顾客角度出发的说法。

"你懂了吗？"——当你全心地为顾客说明你产品的功能和质量时，可能到最后都要加上这句话，你觉得这是为顾客负责任，但你恰恰没有意识到，顾客听到这句话的时候，会觉得你在把他当一个傻子。